나를 기다리는 동고비

박종형

충북 청주시에서 출생
경희대 정외과 졸업
조선일보 기자
범양냉방공업주식회사 대표이사
동서울대 초빙교수
중기청 경영기술지원단 단장
㈜휴비츠 고문
《좋은수필》지 통해 등단
《노년신문》칼럼니스트

수상
중소기업청장 최우수경영지도상
신동아 논픽션 우수상
매일신문 시니어문학상 수필부문 우수상

수필집
《박산로에 사른 홍진 세월을 살며》
《살포를 든 남자》
《하느님, 이런 이들을 축복하소서》
《종경을 울리는 쇠공이》
《잉크의 무게》

경영서
《백수에서 벤처기업가로》
《왜 기업종합병원은 없을까?》

e-mail: johnypark@empas.com

박종형 수필집

나를 기다리는 동고비

SUN

책을 내며

　요즈음 흔하게 회자되는 나이 타령을 듣노라면 소위 웰에이징(well-aging, 무탈하게 늙기)과 웰다잉(well-dying, 편안하게 죽기)을 바라고 그리 되도록 노력한다는 것이다. 그 타령이 하도 자심해서 호호야(好好爺, 노인)들은 몸과 마음이 여간 불편한 게 아니다. 여론조사에서도 제외되고, 헌혈도 받아주지 않는 이른바 치지도외(置之度外) 세대라 갈 데 없는 뒷방 늙은이 신세인데, 대학병원 채혈실 앞에는 순서를 기다려 대기하고 있는 노인들이 장마당을 이루고 있다. 저들의 고통과 발버둥은 무엇에 연유하는가.
　영원히 지울 수 없는 신고의 삶이 낸 상처다. 그런 저들의 실상을 얼핏 들여다보면 무엇인가에 쫓기고 시달리며 고되게 살고 있음을 알 수 있다. 그건 뼈빠지게 일했어도 여전히 입고 있는 가난의 남루이며, 평생을 먹여 살린 식구의 차가운 시선이며, 그저 참고 사느라 키운 류머티스 고질이다. 막걸리 몇 잔에 동무해 고향을 다녀오던 친구들은 거의 소천했고, 강변을 걷던 순이는 미루나무 그늘에서 불렀던 〈오빠 생각〉이 가사가 끊겨

부를 수 없다며 낭만 풍선에서 바람 빠지는 소리나 한다.

　어디를 둘러보아도 사이다 맛 나는 신명거리가 없고, 나를 부드러운 미소가 딸린 시선으로 건너다보는 은근한 호감이 없다. 가짜로라도 매력 있는 호호야라고 잠깐 비행기를 태워줄 인심은 메말랐나 보다. 해서 호호야는 고독하고 우울한 것이다.

　그러나 나는 어제를 존중하고 오늘을 소중하게 여기며 사는 이답게 별난 노인이 되련다. 택시 운전사가 귀띔해 준 추어탕을 사서 사제관 신부님과 수녀관 수녀님한테 보냈다. 그리고 괜히 즐거운 마음을 붙잡고 이 서문을 쓴다. 부끄럽게도 나는 재주가 가벼운 데 비해 글 욕심은 많아 주위에서 "제발" 소리를 들으면서도 이렇게 다섯 번째 수필집을 내려고 한다. 단 한 편이라도 맛나게 읽으면 필자는 보람과 행복을 누릴 것이다.

2024년 11월
글쓴이

목차

책을 내며 4

1부
그날의 박수

한 움큼의 좁쌀 15

잉크의 무게 19

글맛 23

그날의 박수 26

맷돌과 어처구니 31

가슴앓이 37

현재는 선물 41

측은한 독백 44

파한(破閑)이 잉태한 것 48

위대한 순간 52

할머니 채소전 57

피와 가라지 62

2부
꽃자루는 잡지 마세요

나를 기다리는 동고비 67

청자모정 72

겨울 와유 여행기 74

구박데기 노염 79

깨끔한 메꽃 82

꽃자루는 잡지 마세요 86

미니도서관 91

봄을 품은 물방울 95

새끼발가락 98

숲내 주말 점묘 103

아버지의 빈 지갑 108

여름 수제빗국 111

3부
어머니와 낙지발

여심과 알심 119
살포를 든 남자 122
어머니와 낙지발 126
등목 129
가래에 핀 꽃 133
깊은 우물 136
이상한 이행대상 만들기 139
천어 예찬 142
명상과 교감 145
무엇이 낭만을 앗아가는가 148
부유한 마음, 가난한 손 151
겨울나무 154

4부
사다리 오르기

군밤 159
사족(蛇足)과 망상(妄想) 164
마음공부 167
일과 오락 170
사다리 오르기 174
우리를 슬프게 하는 것들 178
틈새 183
기욕(嗜慾) 186
애처로운 선(蟬)랑의 일생 189
멋있는 정치가 193
유쾌한 전복 196
투덜거리기 201

5부
울지 못하는 쇠북

다산의 인(仁)을 읽다 207
노인천국의 겨자씨 보람 210
일상의 만족 216
울지 못하는 쇠북 219
글꾼의 벙어리 냉가슴 222
쑥과 움뽕과 위초리 225
복장의 기쁨과 고통 228
오후의 아랑훼즈 238
밥, 밥, 밥 241
이별 244
허사(虛事)도 삶이다 248
청주성(淸州城) 전투 251

1부

그날의 박수

한 움큼의 좁쌀

한 움큼의 좁쌀이라면 무게가 한 숟가락의 밥보다 가벼우며 그 값 또한 한 개의 붕어빵 값만도 못하다. 차조가 그러할진대 메조는 더 말할 나위가 없다. 식량으로 쓰임에서도 좁쌀 자체가 별로 대접을 받지 못하니 더구나 메조는 천덕꾸러기 신세다. 한데 우습게도 차조와 메조는 외견상 너무 흡사해서 구분이 어렵다. 저런 구분의 모호함이 얼핏 별다른 의미나 가치가 없는 듯하나 묘하게도 그렇지 않은 경우가 있다. 작은 새, 이를테면 동고비나 곤줄박이 같은 새들의 모이로는 메조만을 쓸 수 있는 것이다. 인간의 식량으로 인기가 없는 메조가 어떤 새들한테는 월동 먹이로 요긴하게 쓰이는 것이다.

차조 아닌 메조를 새 모이로 쓰라는 귀띔을 처음 들었을 때 그 이유가 궁금했으나 굳이 알려고 하지 않았다. 그 이유를 지금도 알지 못한다. 다만 창조주께서는 그것으로 새를 먹이신다는 오묘한 이치만 느낄 뿐이다. 저렇게 식량 구실도 제대로 하지 못하는 메조 한 움큼을 쥐고 무엇에 쓸까 궁리를 하면 물리가 트이지 않는다. 그게 너무 보잘것없어 한 그릇의 밥을 지을 것도, 탁발에 보시할 것도 되지 못하기 때문이다. 그러나 그걸 측은지심으로 싸 들고 겨울 산을 오르면 한 줌의 메조가 얼마나 소중한 끼니로 쓰이는지 알 수 있다.

따듯한 가을이 깊어 낙엽이 지고 풀이 마르면 새들의 핍월(乏月)이 시작된다. 열매나 풀씨는 쌓인 낙엽 속으로 숨고 곤충들이 사라지면 먹이 찾기가 어려워진다. 거기에다 비나 눈이라도 내리면 새들은 꼼짝없이 쫄쫄 굶는다. 작은 새들은 나무줄기에 곡예사처럼 어슷하게 발을 붙인 채 나무껍질을 쪼아 겨울잠을 자는 벌레를 잡거나 풀씨를 찾아 숲을 뒤진다. 그러나 먹는 날보다는 굶는 날이 더 많고 잦다. 저들에게는 겨울나기에 대비해 먹이를 갈무리해 둘 둥지가 없고 그런 재주가 없다. 그저 자연의 섭리를 따라 사는 인종만이 있다.

굶는 작은 새들한테 적선하는 좁쌀 한 줌은 구황(救荒)의 양식이다. 그 허기진 위는 너무나 작아서 좁쌀 한 스무 알이면 한 끼니로 족하다. 한 줌을 풀어 아사를 막고 수십 끼니를 먹일 수 있다는 건 유쾌한 일이다. 좁쌀 몇 알을 먹고 날개에 힘이 솟아 산을 내려가 한속을 피할 잠자리를 찾아갈 수 있다는 게 얼마나 대견한 일인가. 한 움큼의 좁쌀에 숨긴 구황의 미덕이 그토록 의미심장함을 알아야 산다는 게 얼마나 엄숙한가를 실감할 수 있다. 인간이 생전에 하늘을 이고 도리깨질을 할 정도로 기세 좋게 살았다 해도 죽어 제행무상의 길을 갈 때 유일하게 가져갈 수 있는 게 딱 한 가지가 있으니 그게 '적선(積善) 보따리'라고 했다. 새들이 굶는 달이 늦가을부터 벌레가 준동하는 봄까지 넉 달 동안이니 그 기간에 일주일에 두서너 차례 몇 줌의 좁쌀을 가져다 먹인다면 아마도 그의 적선 보따리는 묵직해질 것이다.

자주 가는 산에 작은 새들의 겨울 먹이로 좁쌀을 놓아 먹인 지 여러 해가 되었다. 이제는 내게 깊은 연하고질(煙霞痼疾)에 굶주리는 겨울새를 먹여야 한다는 측은지심이 굳은살처럼 박여 비나 눈이라도 오는 날이면 안달하기에 이르렀다. 그런 유대감은 이심전심으로 자라 내가 먹이는 새들 또한 그래서 모이통이 놓인 데서 나의 출현을 기다리고 있을 정도가 되었다.

미물인 그들한테서 얻어 누리는 건 즐거움과 감탄에 가까운 감동이다. 어쩌다 정기적으로 모이를 주는 날을 건너뛸 때가 있다. 그런 경우 한 마리가 나의 출현을 기다리는 날이 있는데 어찌나 반기는지 모른다. 모이를 꺼내는 걸 지켜보는 게 안달이라도 난다는 듯이 모이통 주변의 이 가지 저 가지를 폴짝폴짝 날아다니며 조바심을 치는 것이다. 그러고는 모이를 놓기 무섭게 내려앉아 그 작디작은 부리로 허겁지겁 좁쌀 너덧 개를 쪼아먹고는 푸르릉 어디론가 날아가 버린다.

그 이후에 일어날 일을 나는 안다. 그 때문에 그걸 기다리는 게 점을 치는 것처럼 궁금하다. 놀랍게도 잠시 후에 십여 마리의 새들이 몰려온다. 혼자서 나를 맞았던 놈이 제 식구들을 데려온 것이다. 먼저 배불리 먹어 제 허기를 채우고 싶은 욕망을 억제하고 제 식구들한테 희소식을 전하러 가는 행동이 우리 언어로 표현하여 인정이라면, 그 작디작은 새가슴에서 그런 게 우러나왔다는 사실이 가슴을 뭉클하게 한다. 더하여 그 마음을 얼어 죽지 않게 지탱해 주는 데 좁쌀 한 줌이 힘이 되었으리라는 상상은 너무나 즐거운 것이다. 겨우내 그 좁쌀로 연명하고 혹은 알집이 튼실해져 초봄에 건강한 산란을 해 숲에다 육추의 즐거운 소리를 울리게 한다면, 아 그것은 진정 가슴속을 은류하는 희열인 것이다.

연하고질의 합병증에는 나쁜 것보다는 좋은 것들이 더 많은 게 다행이고 즐거운 비명이다.

잉크의 무게

    시인을 태우고 사유의 세계를 비행하는 시상(詩想)의 무게는 얼마나 될까. 한 자궁에서 탄생하는 생명에 매이는 일생이라는 인연의 무게를 잴 수 없다. 종갓집 씨간장이 누대에 걸쳐 지켜온 향미(香味)나 전수되는 솜씨의 무게를 잴 수 없다. 그렇다고 그것들의 가치라는 무게가 없지 않다. 작가의 낡은 만년필이 머금은 잉크는 마치 천년 세월을 버티는 장독이 담고 있는 씨간장 같다. 잉크가 그 글자에다 어의(語義)를 입히면 글 쓰는 이의 뜻대로 단어끼리 만나 문장을 이루니 잉크의 무게는 잴 길이 없다.

    한 편의 수필을 쓰려고 십여 매의 원고지를 메우는 잉크의 무게는 어떠한가. 그 어떤 저울로도 잴 수 없는 영혼의 소리에다 갈망의 어의를 입혀 문자화하는 잉크의 무게를 필자는 느낄 것이다. 그러나 필자인들 잉크에 녹인 글자를 모아 문장을 만드는 사연의 무게가 얼마나 되는지 모른다. 하물며 작품에 밴 문향이나 필자의 영혼이 남긴 사유와 고뇌, 희열의 무게를 측량할 길이 없다. 그렇다고 문향이나 글맛이나 읽는 기쁨이나 글이 주는 감동이 무게가 없다고는 할 수가 없다. 독자는 그러한 무게를 나름대로 자기 저울에 달아 느낀다. 그 느낌은 감응과 감동으로 마음에 실린다. 어느 때는 그 무게가 무거워 숲을 떠나지 못하고, 강변을 하염없이 걷고 가슴을 짓누르는 그리움에 눈물짓는다. 우리 가슴속엔 저울이 있어, 때로는 이심전심으로 전달되는 마음까지 잰다. 그러므로 몇 방울의 잉크로 내 영혼의 사연이나 메시지를 쓴다는 것은 대단한 작업이다.

  한 방울의 잉크에 녹아든 감동이 수많은 사람의 심금을 울릴 때면 그 무게는 측량할 길이 없다. 그렇다면 잉크의 무게를 느끼지 못하는 작가는 글을 써서는 안 된다. 사유와 고뇌, 감동의 무게가 없는 글이란 영혼이 없는 육체이기 때문이다. 그러므로 잉크 몇 방울로 밤새워 한 편의 작품을 지어내는 일은 잉크의 위대한 역사(役事)다. 그 역사는 위대한 영혼의 소리다. 몇 방울의 잉크가 영혼의 갈망을 품어 뭇 영혼의 감응을 불러일으킨다는 것은 기적 같은 승화다. 그러므로 우리는 잉크를 다룸에 있어 경건해야 한다.

  내가 등단했을 때 선배 문우가 축하한다며 준 선물이 손때 묻은 만년필이었다. 아마도 창작의 역정을 꽤나 오랫동안 멀리도 다니며 작가의 사유를 적어냈을 것이다. 만만찮은 노작(勞作) 탓인가 노련미에 닳아 부드러워진 몸체가 처음 손에 쥐는데도 마치 죽마고우처럼 임의로웠다. 금빛 펜촉조차 알맞게 길들어 매끄럽게 글자 획을 넘나들고, 백설 같은 백지에 다소곳이 앉은 자체에 밴 잉크가 사유의 포의(胞衣)를 벗으며 내는 잉크 향이 문향에 어우러져 향기롭게 풍긴다. 상의를 벗기고 바지를 벗기니 잉크를 담는 장치를 단 심장부가 나타난다. 잉크병을 열고 펜촉 흡입구를 깊숙이 집어넣고 흡입기를 살살 돌리자 어지간히도 목이 타게 단비를 기다렸던지 쑥쑥 잘도 빨아올려 금방 통을 채운다. 때맞춰 호기심이 달고 온 작의(作意)가 창작 무대에서 만년필의 육필과 춤을 추고 싶다고 성화를 바쳤다. 서둘러 백지 무대로 나간 펜촉이 춤을 추기 시작하자 글자가 슬슬 나타났는데 아뿔싸, 어느 글자는 삐뚤삐뚤 취한(醉漢) 꼴이고, 어느 놈은 획이 굽고 다른 게 불분명했다. 아, 비로소 헤아려보니 장장 수십 년 동안이나 볼펜이나 컴퓨터 자판을 사용했지 만년필을 사용치 않았다. 편의의 종으로 사느라 만년필만이 제공하는 낭만과 매력을 까마득하게 잊고 산 것이다.

  만년필을 사용한다는 것은 볼펜이나 자판기 사용보다 훨씬 번거롭고 성가시다. 잉크를 다뤄야 하기 때문이다. 그런데 놀랍게도 만년필만이 주는 멋과 장점이 그런 성가심을 툭탁치고도 남는다. 우선 만년필은 저고리 안주머니는 물론 겉 작은 주머니에 꽂아도 어색하지 않다. 아니 오히려 옛날에는 남성미에 보탬이 된 적도 있다. 우아한 신사에게 잘 어울리는 때가 있는

데 서명하거나 중요한 메모를 하기 위해 뚜껑을 여닫을 때다. 중요한 서명을 할 때 만년필 뚜껑을 여는 동안 서명을 해도 좋은지 다시 숙고한다는 신중한 여유란 만년필만이 가지고 있는 미덕이다.

원고지를 메우는 작가가 만년필을 사용해 짓는 육필 원고는, 집필통을 흔적으로 남겨 자판을 두들겨 만든 원고의 깔끔하게 성형한 모습과는 비교할 수 없는 정감과 친근감을 준다. 작가의 숨결이 고스란히 배어있는 것이다. 그런 작품의 무게가 잉크의 무게로 인해 훨씬 더 중후하고 값지게 느껴진다고 하면 과장일지 모르겠다.

새삼스럽게 만년필의 육필을 칭찬하고 나선 것 같아 좀 민망하긴 하지만, 필통에 가득 꽂힌 볼펜에 신경 쓰지 않은 지가 벌써 몇 년이나 지났다. 무엇보다 볼펜보다 만년필 글씨가 더 선명해서 좋다. 그리고 글씨를 쓰는 데 힘이 덜 든다. 써놓고 보면 만년필의 육필이 훨씬 중후해 보인다. 특히 서명하는 경우에 그러하다. 그런데 왜 현대인은 만년필 사용을 선호하지 않는 것인가. 잉크 충전이 귀찮아서인가, 사용상의 번거로움 때문인가 아니면 값이 비싼 탓일까. 그 모든 조건이 유리한 고급 옷을 입은 볼펜의 등장 때문인지 모르겠다. 잉크병을 열고 특유의 냄새를 맡아본다. 은근히 냄새가 좋다. 그 향기가 문향과 어우러지면 아주 독특한 향기를 풍길 것이다.

글맛

읽는 이가 감동하는 글을 쓰려면 어찌해야 하는가를 이렇게 정의한 게 있다. 즉 문장이 색 비단 짜듯 화려하고 번창할 뿐(繁采) 글 속에 사랑과 정이 적으면(寡情) 글맛을 봄에 틀림없이 염증을 느끼게 되리라(味之必厭).

문단 P 선배의 수필 중에 제목이 '갯바람 부는 다리 위에서'인 작품이 있다. 그 제목 아래에 소래포구라고 덧붙였다. 포구에 걸쳐 있는 다리라니 마치 뱃길 끝과 육지의 땅길을 이어주는 다리라는 상상이 들어 괜히 기분이 좋다. 아마도 그 다리 위에서 바다도 보고 육지도 볼 수 있는데, 한발 더 나아가 육지의 공판장을 볼 수 있을 것 같다. 고깃배 위에서는 활어가 퍼드덕대고 공판장에서는 경매인이 흥정을 붙이는 육성이 노래인지 사설인지 모를 소리로 들려온다. 바람이고 소리이고 심지어 냄새까지도 갓 잡은 활어처럼 활기차다.

그런데 작가는 수필의 첫 문장을 이렇게 시작하고 있다. "멀미 나는 일상에 잠시 쉼표를 찍기로 하자"고. 그 리드 첫 단문이 자연스럽고 호소력이 강하다는 데 매력이 있다. 그 한 단문으로 필자가 지친 도시 일상에서 벗어나 귀한 한유(閑遊)라도 즐기고 있다는 상상으로 기분이 유쾌하다. 그 리드 단문으로 필자는 독자의 마음을 부드럽게 열었다. 멀미와 쉼표라는 두 가지 인과(因果)를 갯바람에 날려 보냈으니 그 연장 선상에 포구 목로주점에서 싱싱한 생선회를 안주로 맛난 술을 마셨을 것이다. 도시인이 몸에 칭칭 감긴 온갖 구애(拘碍)와 스트레스 그리고 무거운 짐을 잠시나마 벗어놓고 저렇게 생물이 퍼드덕대는 포구를 만보하다니 그 아니 즐거우랴. 물건은 풍부하고 인심은 후하며 흥정과 거래는 즐겁고 맛있는 냄새는 폴폴 풍겨오는데, 풍경은 물설지만 바람결에 실려 오는 짭조름한 냄새는 예전 그대로라고 했다. 그리고 드디어 포구의 추억이 되살아났다고 쓰고 있다.

그날 수리산을 내려오며 늘 하던 대로 오늘 점심을 어디로 가서 무얼 먹을지를 물었다. 예상한 대로 반응이 없다. 아무거나라는 메뉴는 없으므로 무심하게라도 그것으로 대답했다가는 핀잔을 먹기 때문에 침묵하는 것이다. 그때 내가 왜 소래포구를 떠올렸는지 모른다. 선배 문인이 갯바람에 비릿 짭조름한 냄새를 맡으며 멀미와 쉼표를 보내고 맞은 부러움이 생각 난 때문인지 모르겠다. 그 제안은 의외로 환영받았다. 포구에서 싱싱한 생선회에 소주를 마시며 쉼표를 찍는다는 건 도리깨침이

고이는 메뉴일 뿐만 아니라 근자에 맛보지 못한 낭만이었다.

　소래포구에 도착했을 때 너무나 변한 모습에 모두 놀랐다. 자신의 백발은 생각하지 않고 세월이 바꿔 놓은 포구의 도시화를 낯설어하는 것이었다. 이러니저러니 변모를 손가락질하던 내가 갑자기 외마디소릴 지르며 앞으로 폭 고꾸라졌다. 보도 경계석에 걸려 넘어진 것이다. 넘어질 때 다행히 얼굴을 비틀어서 한쪽 눈꼬리 부위가 찢어졌을 뿐, 부상은 크지 않았다. 다만 놀란 것은 내가 넘어지는 순간 잠시 정신을 잃은 일이었다. 처음 일어난 사고에다 기절까지 했으니 일행이 놀란 건 당연했다. 점심 식사고 뭐고 중단하고 병원을 찾아가자는 걸 겨우 설득해 포구 안 횟집을 찾아 들어갔다. 나의 부주의 때문에 어이없는 사고를 당한 것으로 점심을 거르게 할 수는 없었다. 첫 잔을 마시면서 좌상인 친구가 "산에서 넘어지지 않더니 포구에 와서 꽈당이라니 낭만적이네 그랴" 하고 너스레를 떨었다. 쉼표 찍기치고는 오십여 년 등산 경력에 그만 사돈네 가을 닭 꼴이 된 것이다. 늙느라 나타나는 현상이 아닌가를 가지고 설왕설래 그 소인을 따져 보았으나 신통한 해답은 없었다.

그날의 박수

중년에 철부지 꽃피우듯 훌쩍 유학을 떠난 적이 있었다. 미국이 초행길도 아니고 영어도 웬만큼은 할 수 있으므로 길눈이 어두워 걱정한다거나 의사소통이 걱정돼 미리 주눅이 들거나 하진 않았다.

그러나 여정은 좀 복잡했다. 대학 캠퍼스가 있는 미주리주의 컬럼비아까지 가려면 로스앤젤레스와 세인트루이스 두 공항에서 비행기를 갈아타야 했다. 미주의 웬만한 큰 도시는 다 가 봤지만, 세인트루이스는 초행이었다. 거기서 소형 국내선 비행기로 갈아타고 한 시간 못 되게 컬럼비아시로 날아가야 하는데 운항이 잦지 않아서 예약한 항공편을 놓치기라도 하면 초행길에 낭패를 볼 수도 있었다.

초행길에 흔히 겪는 일이지만 나의 여정은 로스앤젤레스 공항에서부터 꼬이기 시작했다. 미주 대륙이 워낙에 광대해서 남쪽 지방에 홍수가 질 때 북쪽 지방에서는 폭설이 퍼붓는 날이 있을 정도인데, 공교롭게도 그날 세인트루이스 지역에 폭설이 쏟아졌다. 그곳으로 가는 항공편들이 줄줄이 발이 묶여 활주로 제설작업이 끝나기를 기다려야 했다.

네 시간 가까이 기다린 끝에 비행기가 떴다. 세인트루이스 공항은 연발 연착하는 비행기들로 그야말로 북새통이었다. 짐을 찾아 서둘러 탑승 수속을 마쳤다. 출발 시각까지는 한 시간 남짓 여유가 있었다. 혹시라도 안내방송을 놓칠까 봐 탑승 출구를 확인하고는 화장실에 가 있는데 안내방송이 들렸다. 예상보다 탑승이 앞당겨진 게 다소 의아스러웠지만, 그날의 상황이 아침부터 유동적이었다는 정황으로 이해했다.

직원한테 탑승권을 내밀었다. 빠르게 일별하고는 통과시켰다. 탑승 확인을 마치고 기내로 들어가 좌석번호를 찾아가 앉아 막 벨트를 채우고 난 무렵이었다. 한 미국인 청년이 다가와 좌석번호와 손에 쥔 탑승권을 번갈아 확인하면서 내게 자기 좌석에 앉았는가를 물었다. 내가 좌석번호를 대며 틀림없다 확인을 해주자 그는 바보 같은 항공사가 탑승권을 이중으로 발행했나 보라고 투덜거리며 빈 좌석을 찾아가 앉았다.

그런데 그 즉후에 갑자기 뇌리로 탑승권의 이중 발행이란 있을 수 없다는 상식의 의심쩍어하는 소리가 울리기 시작했다. 그러고는 뭔가 잘못되었다는 의심이 불어나면서 돌연히 가슴이 두근거리기 시작하더니 손바닥에 땀까지 배어 나왔다. 출처를 알 수 없지만, 어디로부턴가 내게 경고를 보내는 것 같았다.

그러구러 비행기가 계류장을 떠나 이륙장을 향해 서서히 이동하기 시작했다. 한데 이상하게도 나의 두려움에 가까운 의구심은 가라앉지를 않았다. 참다못해 여승무원을 불러 자초지종을 설명했다. 그미가 나의 항공권을 보여달라고 요구했다. 잠시 그것을 살펴보고 나서 그미는 아무 일도 없다는 듯이 잠시만 기다려달라고 가만히 말하고는 기장실로 갔다. 그때 나는 아무런 코멘트도 하지 않고 돌아섰지만, 급히 걸어가는 그미한테서 뭔가 급박한 일이 벌어지고 있음을 직감했다. 그러자 대체 무슨 사단인가 나의 궁금증은 초조감으로 바뀌어 맹렬하게 끓어올랐다.

그리고 잠시 후 기장의 메시지가 들렸다. 한 승객이 잘못 탑승해 계류장으로 되돌아가니 잠시 지체됨을 양해해달라는 방송이었다. 승객들은 일제히 놀란 시선들을 들어 회항이라는 큰 사단을 부른 장본인이 대체 누구인가를 쫓아 기내를 두리번거렸다.

계류장으로 돌아가는 동안 어둑한 기내는 지루한 침묵으로 가득 찼다. 계류장에 닿자 여승무원이 내게로 다가와 나직하게 비행기에서 내리면 자기네 직원이 제 탑승 출구까지 데려다줄 것이라며 앞장섰다. 나는 그때 당혹감과 미안함으로 이미 반 정신이 나간 상태였다.

내가 자리에서 일어서 여승무원을 뒤따르자 비로소 문제의 장본인을 알게 된 승객들이 일제히 나를 향해 얼굴을 돌렸다. 나는 모닥불을 뒤집어쓴 것처럼 망신스러움에 얼굴이 시뻘겋게 달아올랐고, 빠져나갈 통로가 아득하기만 했다. 저들에게 나의 실수에 대해 뭔가 사과해야 한다고 생각했다. 해서 걸어가면서 좌우에다 연신 머리를 조아려 가며 미안하다고 말했다.

그런데 갑자기 이명이 일고 있는 귀로 박수 소리가 들려왔다. 그리고 여기저기서 "당신은 잘못한 게 없다"느니, "항공사 직원이 바보였다"느니, "조금도 미안해하지 말고 잘 가라"느니 하는 격려의 말이 들려왔다.

난 나의 곤혹스러움에 너무나도 상반되는 승객들의 반응에 아주 깊은 충격을 받았다. 그것은 일종의 신선한 감동을 달고 왔다. 그 순간 나는 저런 모습이 진정한 미국의 한 진면목인가 깊은 인상을 받았다.

후에 알았지만, 그 공항은 이용하는 항공기가 하도 많아서 폭설이라도 내려 이착륙이 지체되기라도 하면 계류장이 갑자기 바뀌는데, 그런 경우 발언권이 약한 단거리 셔틀 항공편이 뒤로 밀리고 탑승장이 바뀐다는 것이다. 그날도 폭설 때문에 결국 저렇게 밀려 나의 탑승구가 갑자기 이동식 탑승 버스로 바뀐 것이다. 설상가상으로 직원마저 건성으로 탑승권을 확인해서 엉뚱한 텍사스행 비행기에 나를 태운 것이다. 바뀐 탑승장으로 나를 데리고 가면서 항공사 직원은 연신 사과했다. 나의 귀에 들리는 사과하는 소리보다는 가슴속으로 울리는 승객들의 박수 소리가 훨씬 더 크게 울렸다.

 그날의 감동 어린 박수 소리가 그 후 미국의 진정한 힘이 무엇인가를 알아보고 이해하는 데 큰 도움이 되었다. 지금도 추억할 때마다 생생하게 울려오는 그 박수 소리를 듣노라면 괜히 즐겁다. 실수에 대한 격려의 박수라니 참으로 멋진 승객들이었다.

맷돌과 어처구니

맷돌의 존재가치는 곡식을 고운 가루로 가는 데 있다. 소금이 짠맛을 잃으면 쓸모가 없는 것처럼 맷돌이 그 기능을 잃으면 무용지물이 된다. 그런데 그 맷돌의 역할은 맷돌만으로는 안 된다. 반드시 어처구니가 있어야 수행할 수 있다. 해서 이치가 완성되는데 꼭 있어야 할 것이 없어 사리(事理)에 어긋나는 것을 "어처구니가 없다"라고 한다. 맷돌에 어처구니가 없으면 그 맷돌은 맷돌이라 할 수 없으므로 어처구니없는 맷돌을 맷돌이라 하거나 맷돌을 돌리겠다고 하면 '어처구니가 없는 경우'가 되는 것이다.

이 세상에는 맷돌과 어처구니 같은 관계가 비일비재하다. 부모와 자식, 부부, 노동자와 회사, 교회와 신자, 국가와 국민 등 저들은 불가분의 관계다. 해서 부모와 자식은 천륜이고, 부부는 반려(伴侶)이고, 노사는 기업을 지탱하는 두 기둥이고, 교회와 신자는 머리와 지체이고, 국가와 국민은 한몸과 같다고 했다. 그 어느 한쪽이 없거나 역할을 다하지 않으면 존재하거나 온전할 수가 없다는 것이다.

그런데 저들 중 어느 한쪽이 그러한 관계를 끊거나 제구실을 다하지 못함으로써 그야말로 어처구니없는 일이 벌어진다. 결손가정, 부부의 파경, 노사 대립, 교회와 신자의 갈등과 신자의 냉담, 국민의 지지가 밑바닥인 정부가 다 그런 어처구니없는 관계다. 그러므로 맷돌은 맷돌대로, 어처구니는 어처구니대로 맷돌답고 어처구니다워야 하며 각기 역할과 소임을 최선으로 수행해야 한다. 그러기 위해 이런 제구실과 노력이 필요하다. 이것이 기본적이고 중요한 전제다. 그러기 위해서는 희망적 사고, 건전한 가치관, 강한 책임감과 협동 정신, 신념과 열정 같은 높은 정신적인 자산과 지식, 기술, 실천력, 노력 같은 행동적인 것들로 무장해야 한다. 또한 자기 개선과 변화 같은 마음 먹기도 필요하다.

맷돌은 반드시 '너(you)'와 '나(me)' 두 짝(we)이어야 하고, 맞물려 돌아가야 한다. 아무리 우수한 한 짝이라 할지라도 두 짝이 맞물려 돌아가지 않으면 소용이 없다. 맷돌은 위아래로 중심에서 맞물려 비로소 울력의 한 틀이 된다. 중심에서 맞물림은 한몸으로 믿고 의지하며 서로에게 충성(忠誠)하는 것을 의미한다. 틀의 중심에 있으면서 맷돌을 맞물리게 하는 그 '유대의 축'은 이상이기도 하고 목표이기도 하며, 공존 공영하는 운명이기도 하고 사랑이기도 하다.

한 짝 맷돌이 짝지어 한 틀을 이뤄 맞물려 돌아가는 것은 협동인데 여기서 우리는, 내가 우수한 맷돌임이 틀림없다 할지라도 과연 중심에서 '너'에게 잘 맞물렸으며 그렇게 한몸처럼 잘 돌아가고 있는가를 자문해 봐야 한다. 그래야 진정 우수한 맷돌이라 할 수 있기 때문이다. 나의 잘못 물림 때문에 맷돌이 제대로 맞물려 돌아가지 않는다면 나는 결코 유능한 맷돌이 아니다. 퍼뜨리는 인재론을 맹신해서는 안 된다.

때문에, 맷돌은 신자유주의가 국가고 사회고 기업이고 우수한 인재, 이른바 20퍼센트의 탑 클래스 리더들이 실제로 국가 경영을 주도하고 사회를 이끌며 기업의 성공을 달성한다는 주장은 '완미한 신앙이고 옹졸한 편견'이다. 나머지 80퍼센트의 맷돌들이 없이는 그 어느 성취도 불가능하기 때문이다.

우선 '나'인 맷돌은 한 짝 '나'로서 우수하고 튼실해야 한다. 맷돌이 한 틀로 돌아가는 기능이 협동인데 그것은 두 가지 기능으로 이뤄지며, 어느 한 가지라도 없거나 부족하면 맷돌질의 가치인 생산이 불가능하다. 그건 '부수는 파쇄 기능'과 '가는 연마 기능'이다.

파쇄 기능이 제대로 발휘되려면 우선 맷돌이 맞물리는 표면에 공이 역할을 하는 돌기(突起)와 고랑 홈이 적당히 파여 절구질이 되어야 한다. 물론 힘이 있어야 한다. 그 힘은 지식과 기술에서, 제도에서, 도덕성에서, 목표 의식에서, 강한 책임 정신에서 생기고 공급된다. 아래위 맷돌이 서로 호응하여 부수는 절구질은 협동의 기본이다. 연마 기능은 힘보다는 세밀한 기술이 요하는 것이다. 연마는 갈고 다듬어 미완성을 완성하는 기능으로 이를테면 목표를 달성하는 것이다.

조직과 사람에게는 파쇄에 능하고 주력하는 쪽과 연마에 능하고 주력하는 쪽이 함께 어우러져 있다. 기업의 경우, 넓은 의미로 보면 경영의 2대 축의 하나인 '성장'은 전자에, '경영 성과의 관리'는 후자에 해당한다고 할 수 있다. 그 두 축은 상호의존적이고 보완적으로 상관돼 돌아가야 하므로 그 균형이 깨지거나 제각각 돌아가게 되면 그 기업은 파탄 나게 된다.

또한 좁은 의미로 보면 그 두 기능은 파트너와 파트너를 묶는 관계이며, 업무의 한 반쪽과 다른 반쪽을 맞춰 완성이라는 하나를 이루는 것이다. 그러므로 한 구성원이 어느 기능 쪽에 능하고 전문이고 우수해도 다른 쪽 기능과 파트너십을 통해 하나가 되어야 하는 것이다.

아무리 잘 다듬어진 재목이라 할지라도 제자리에 다른 재목과 맞물리고 엮여 놓여야 집의 골격이 되는 이치와 같다. 내가 우수한 재목인가도 중요하지만, '유능한 협동자'인가는 더 중요하다. 다시 말해 개별 재목의 우수성이 다소 떨어지더라도 뛰어난 협동자가 더 요긴한 것이다.

아무리 좋은 맷돌이 잘 맞물린다 해도 그것을 돌리는 '어처구니'가 없고서는 무용지물에 불과하다. '어처구니가 없다'는 말은 사람에게 있어서나 일에 있어 치욕적이고 부정적이며 불행한 선고다. 사람이고 일이고 간에 결코 어처구니가 없어서는 안 되는 것이다.

어처구니는 공존 공영하는 공동체 정신이랄 수도 있고, 협동 정신이랄 수도 있으며, 리더십이랄 수도 있고, 목표 의식이랄 수도 있다. 어떻게 보면 힘의 원천이기도 하고 동기 부여자이기도 하며 리더이기도 하다.

'어처구니'는 반드시 있어야 하되, 맷돌을 계속 돌릴 만큼 강해야 하고 맷돌의 파인 홈에 꼭 맞아야 한다. 어설프고 허술하니 적당히 끼워져 헐겁거나 흔들거리면 제자리 지킴이 어렵고 맷돌이 잘 맞물려 한 틀처럼 돌아가게 하기 어렵다.

맷돌에 알맞은 어처구니를 찾아 맷돌을 돌린다는 것은 매우 중요한 선택이다. 정신을 쏙 빼가는 무슨 거창한 이론이나 성공 사례 같은 것에 혹해 어떤 맷돌에 적합한가의 여부도 신중하게 저울질해 보지 않은 채, 대장간에다 어처구니를 주문해다 맷돌을 돌리는 것은 지혜로운 벤치마킹이 아니라 위험하고 어리석은 모방이다. 어처구니란 표준 규격품이 아니다. 맷돌에 따라 그 크기나 재질이나 모양이 다른 게 정상이며 또 달라야 한다. 어처구니가 '개발의 편자' 꼴이 되면 맷돌은 불행하다. 예컨대, 지식경영을 하지 못하는 기업이 연봉제를 도입하는 것 같은 일이다.

사람이 분수를 안다는 건 자신이 맷돌다운 맷돌인지 어처구니다운 어처구니인지를 성찰하고 바로 알아 맷돌은 맷돌답게 어처구니는 어처구니답게 최선을 다하는 것이다. 맷돌이 맷돌답지 못하면서 어처구니를 탓하고 불만하여 배척하면 맷돌은 신나게 돌아갈 수가 없다. 어처구니가 어처구니답지 못하면서 맷돌더러 저질이다, 맘에 안 든다고 타박하면 비록 어처구니가 힘 있게 맷돌을 돌린다 해도 맷돌은 마지못해 돌아 파쇄와 연마의 기능을 발휘할 수 없다.

  맷돌이 어처구니를 불만하여 '오늘 못하면 내일 하면 될 것이고', '나 한 사람 적당히 한다고 맷돌질이 잘못될 것이랴' 제 소임 책임을 소홀히 하면 생산성은 떨어진다. 반대로 어처구니가 맷돌이 못마땅해서 혹사하며 '맷돌은 돈만 주면 언제든지 새것을 구할 수 있으니 절이 싫으면 중이 절을 떠나듯이 헤어지면 된다'고 맷돌을 그저 언제고 갈아 치울 수 있는 부품쯤으로 여기면 위대한 협동의 시너지는 창출될 수 없고, 어처구니와 맷돌 사이에 공존공영이라는 아름다운 평화는 유지될 수 없다.

가슴앓이

사람이 앓는 가슴앓이 중에 계절에 앓는 가을앓이나 봄앓이가 있다. 봄앓이가 대춘(待春)인 것은 인동(忍冬)의 시련 끝에 맞을 희망적인 소생의 계절이기 때문이다. 가을앓이는 떠나보내고 상실하는 계절이기 때문에 절망적이고 슬픈 앓이다. 산 능선의 아름다운 자태를 지었던 위초리가 가을앓이를 하느라 나날이 나신으로 변하는 모습을 바라보노라면 계절이 바뀌는 게 연민스럽다. 봄이 오는 발걸음 소리는 봄비 내리는 소리로 들리는데 가을이 가는 소리는 낙엽이 지는 소리로 들린다.

봄비가 나뭇가지에 물방울을 맺으며 내리면 소리는 물방울 속으로 숨고 영롱한 빛 무늬가 지면서 바람결 따라 일렁일 때 색깔의 원무가 일어난다. 한 줄기 바람이 스쳐 지나가기만 해도 물방울들은 봄의 생동에 환호하여 춤춘다. 더 이상 가을의 이별과 겨울나기 인동(忍冬)의 절망은 없다. 따사로운 봄볕에 포의(胞衣)가 스르르 벗겨져 내릴 때, 마치 소통하여 모이듯 물방울들이 가지를 타고 흘러 눈(芽)들을 적신다. 눈들이 봄을 품어 춘기가 숲에 가득 차니 새싹이 돋고 생기가 넘친다. 하루가 다르게 헐벗은 겨울 모습은 사라지고, 새 생명은 태어나 육추(育雛) 소리가 숲에 자자하게 된다.

나는 심하진 않으나 해마다 봄을 타는 편이라서 계곡 물가에 복수초가 필 무렵이면 슬그머니 찾아오는 봄주니 같은 봄을 탄다. 그건 기다리는 지루함 같기도 하고, 마른버짐처럼 가슬가슬한 공터를 지나가는 메마른 바람 같다. 그리고 잠복해 있던 나른한 권태가 도지듯 삭신부터 아파온다. 그건 오랫동안 해묵은 그리움 때문인데, 추억의 피안에 묶어 놓았어도 그것은 주니와 어울려 봄바람을 타고 봄 산과 들을 누빈다. 그렇게 대충을 하면 지루한 기다림이 다소 풀린다.

나는 봄에 허무하게 무너져 앓는 봄주니를 두려워한다. 어느 해인가 심하게 앓은 적이 있기 때문이다. 그해는 가까운 친구들 다섯이서 팀을 이뤄 등산하러 다닌 지가 10주년이 되는 해여서 우린 좀 색다른 등산을 하기로 했다. 산이란 지루함이 없는 곳이다. 산은 이 산, 저 산이 다르지 않고 초목이 같으며 산 특유의 냄새나 향기가 같다. 그런가 하면 산에서만이 맛볼 수 있는 느낌이나 자유로움, 평정심, 만족감과 성취감 같은 보석은 늘 거기에 무진장으로 있으며 소유하고 즐김에 있어 아무런 제약이나 제한이 없기도 하다.

우리가 탄 열차가 원주를 지났을 때 눈이 내리기 시작했다. 여행의 압권은 눈비가 오는 날 하는 기차여행이다. 내린 눈이 쌓인 산길을 올라가는 것보다는 눈을 맞으며 가는 게 훨씬 정취가 있다. 나는 속으로 쾌재를 불렀다. 일기 예보를 듣고 일부러 눈이 내릴 확률이 높은 날을 택한 게 적중한 것이다. 일행 중에는 기차여행이면 족하니 맛있는 저녁에 술 한잔하면서 화투나 치자고 미리 선을 긋는 친구도 있었다.

화투판을 피해 대폿집을 겸한 찻집으로 갔다. 거긴 목적지에 도착해 차를 마시자고 들어간 찻집으로, 그때 한 무리의 여행객들과 인사를 나눴는데 그들은 젊은 여성 여행자들이었다. 우리가 배낭을 비우느라 남은 김밥을 그들에게 주었는데 답례로 차를 산다고 해서 다시 만난 것이다. 차를 마시기 바쁘게 객수(客愁)가 통한 사람들이 방으로 가고, 나와 한 여자만이 남았다. 우리는 곧 자신의 선택이 잘한 것이라는 확신을 주고받고는 마치 술기운에다 앞으로 일어날 일의 결례나 실수까지를 다 돌리기로 자신을 다독여 눈 내리는 밖으로 나갔다. 이끄는 쪽이나 따라가는 쪽 모두가 말없이 해도 손이 어긋나는 경우가 없었다. 둘의 마음은 점점 이심전심으로 엮여갔다. 어느새 손과 손이 맞잡고 잡혀 온기가 건너오고 건너가자 뜨거운 가슴이 뿜어내는 열기가 손깍지를 적시고 입을 마르게 했다. 그리고 누가 먼저랄 수 없게 우리는 기쁨의 포옹을 했다. 서로가 건네는 열기에 어깨로 내린 눈이 녹아 사라졌다. 그것이 안타까워 우리는 뛰어주택들 단지를 벗어나 산자락 어름에 있는 공터로 달려가 벌러덩 누웠다. 그리고 팔을 벌려 밤하늘을 안고 이어 서로를 껴안았다…. 그건 일체의 구애로부터 벗어난 자유였다.

현재는 선물

현재가 선물인 것은 산 자가 누릴 수 있기 때문이다. 영어에서 present라는 단어는 '현재'라는 시간적 의미와 '선물'이라는 의미를 함께 가지고 있다. 예사롭게 보면 이해가 잘 안 된다. 그러나 신앙적 맥리(脈理)로 보면 이해가 쉽다. 창조주 하느님이 허락하신 오늘이라는 현재란 하느님이 내게 준 선물이기 때문이다. 하여 성 어거스틴은 "건강하게 살아서 숨을 쉬고 있음이 엄청난 축복이고 은총이다"라고 했다. 살아 있으므로 오늘이 의미가 있다. 죽은 자에는 과거만 있을 뿐, 오늘이 없다.

오늘을 찬양해서 어젯밤에서 부활한 날이라고 한 이도 있다. 특히 나이 먹은 사람은 오늘 하루가 보너스로 받아 누리는 것이라고 한다. 그러므로 오늘은 인생의 첫날처럼 또는 마지막 날처럼 살아야 한다. 감사하여 사는 것이다. 해서 마틴 루터는 오늘 살아 있음을 감사하는 사람만이 천국에 들어갈 수 있다고 했다.

오늘의 의미는 매우 깊다. 우선 인간이 할 수 있는 가능성은 오늘에만 존재하고 통한다. 그건 희망이다. 원하는 것을 가질 수 있고, 할 수 있으며, 누릴 수 있는 게 현재에만 성립된다. 꿈을 꿀 수 있다는 것이다. 한데 인간은 그 가능성의 소중함을 이해하지 못하거나 함부로 대하는 것 같다. 결코 인간이 원하는 대로 가는 법이 없는 시간에 대한 인식이나 행동이 그러하다. 예컨대 시간의 낭비는 오늘의 소중함에 대한 모욕이며 횡포다. 현재의 나의 시간을 존중하고 감사하지 않는 시간의 주인은 어리석다. 그건 알맹이가 없는 '시간의 거지 주머니'이기 때문이다.

시간은 냉정해서 주인이 함부로 대하면 반드시 그 대가를 치르게 한다. 세상에 흔한 가난 병인 타빈(惰貧)만 해도 현재라는 시기를 자기 것이라 헤프고 게으르게 써제껴 얻는 게을러 가난한 병이다. 가난을 병이라 함은 그로 인한 합병증이 삶을 병들게 만들고 사람 목숨까지 앗아가기 때문이다. 시간이라는 바이러스는 그 주인의 정성 어린 태도에 따라 유익균도 되고 유해균도 된다.

오늘이라는 시간의 길이는 하루라는 24시간 궤도를 일정한 속도로 달리는 기차와 같아서 그 주인이 어느 역에서 오늘을 다 지냈다 내려야 할지 모른다. 시간의 주인이 인간이라고 해서 인간이 시간을 임의로 요리할 수는 없다. 사람이 원한다고 시간이 느리게 가거나 빨리 가는 법은 없으므로 실인즉 시간의 주인이 인간이란 전제는 잘못된 것이다. 따라서 인간이 시간을 자유롭게 소유하고 사용할 수 있다는 관념은 부정확한 고정관념이다. 시간은 들을 귀가 없어 시간에 대한 인간의 요구나 기대를 개의치 않는다. 그러므로 시간이 있느니 없느니 하거나 시간이 충분하니 부족하니 하는 것은 옳은 말이 아니다. 현재를 말함에 있어 시간적 충분함이나 부족함에 대한 주관을 이러쿵저러쿵 말하는 것은 매우 부정확한 말이다. 시간이 쏜살같이 빠르게 가느니 지루하게 더디 가느니 하는 것은 시간의 주인 마음 때문이지 시간 자체와는 무관하다. 그런 시간을 내가 부리는 현재란 대단한 것이다.

측은한 독백

  사시사철 사계절은 그 여전한 걸음으로 어느 사이에 4월 곡우(穀雨)를 지나더니 보름을 앞두고 입하(立夏)에 이르렀다. 곡식을 키울 봄비는 금비라 했으니 곡우를 맞은 생물들은 성장을 이끌 여름으로 들어서는 것이다. 한데 이번 절기는 생기가 없다. 덩달아 재미도 없다. 그놈의 코로나 팬데믹이 채운 '사회적 거리 두기'라는 요상한 족쇄 때문이다. 우린 실로 졸지에 쫓기고 구속되는 처지로 무기력하게 전락했다. 특히 노인들은 가뜩이나 무료의 시소나 타는 터에 여지없이 칩거의 명을 받았다. 그건 창살 없는 감옥에 유폐당하는 형국이었다. 그 현대판 위리안치는 일종의 억울한 귀양 형벌이었다.
  나는 다소 억울한 심정이 되어 맥빠진 눈알을 부라려 코로나를 째려보았다. 갑자기 이틀 후 예방접종을 받으러 오라는 통지문이 생각났다. 짐승처럼 칩거에 판박인 일상을 맴돌이하며 그리움의 사다리만 오르내릴 때 그 주사액 몇 방울이 당장의 희망이었음을 상기했다. 그러구러 칩거해 산 지도 어언 한 해가 지나갔다. 그리고 또 벌써 입하라니 세월 사위는 게 그렇게도 속절없는 줄 몰랐다. 막걸리 한 잔을 독작할 흥취조차 말라붙어 글 한 편 지어 보고 싶은 벗들에게 띄울까 하여 자판에 손을 올리니 절필한 지 꽤 오래라서 손이 이리도 서툴단 말인가 괜히 서글프다. 보고 싶고 그리운 사람들을 떠올리니 외로움이 조금 가셨다.

내게는 보석 같은 친한 친구가 대여섯이나 있다. 전부가 머잖아 졸수(卒數, 아흔 살)를 맞을 상노인이다. 동문수학한 인연으로 맺은 관계가 70~80년씩이나 뿌리 깊어 띠앗 같다. 한 친구는 유치원 동창이라 교우하길 80년간이나 한데다가 한 문중의 자손으로 항렬이 대부라서 가문에 조상 간에 어떤 세의(世誼)로 맺고 풀었던지 그 사적이 무겁다. 그런 친구들을 눈인사조차 자주 건네기 어려운 타향살이에다 동창생이라고 두고 사는 게 싫어, 죽을 때까지 고향 사투리 써가며 흘러간 추억의 레코드를 틀고 틀어도 짜증 내지 않을 고향 까마귀들을 골라 두 개의 등산팀을 만들었다. 그건 옛날 시골에 흔했던 향촌 친목계 같은 것이다. 그 두 산행 팀은 자그마치 십오 년간을 한결같이 산행을 계속해 주위의 부러움을 샀다. 우린 그렇게 여든 줄에 들고 미수(米壽)를 지내고 아흔 살 등산이라는 기록을 세우자 노인답지 않은 기염을 토했다. 그러나 세월은 우리의 과욕을 막아섰다.

노인의 무사가 '밤새 안녕'이라더니 한 친구가 몸이 아프다는 말을 미처 확인도 하기 전에 덜커덕 입원한 것이었다. 병문안을 사양한다는 소리에 사위스러운 생각이 들어 가까이 사는 산행 친구 서넛을 불러 병문안하러 갔다. 병자 내외가 반겼다. 밝은 표정으로 보아서는 곧 퇴원할 듯싶었다. 일어나 앉은 병자에게 가까이 다가가 눈을 맞추는 순간 친구는 문병이 고맙다는 인사를 겨우 차리고는 고개를 돌렸는데 울음 반 오열에 눈물이 비 오듯 떨어졌다. 그 순간 영원한 작별의 시간이 왔다는 슬픔이 목젖에 울컥 솟아 매달렸다. 그리고 그 사흘째 되는 날 그 친구는 영원한 이별의 길을 떠났다. 생사가 갈리는 인연의 단절을 수없이 보아 사별(死別)이 얼마나 허무하고 슬픈 산 자의 고통인가 새삼 절실했다.

그 이별은 시작이었던가. 친구가 죽은 지 채 반년이 되었을 때 그 친구와 가장 가까이 살면서 친했으며 우리 산행을 한 번도 빠지지 않고 선도한, 애칭이 지리학 박사인 친구가 그야말로 아프단 소리를 던져놓고 일주일 만에 덜컥 입원하더니 면회도 오지 못하게 정을 떼고는 변변한 작별 인사 한마디도 없이 떠났다. 남은 우리는 "세상에 이럴 수가 있나…. 우리 중에 제일 늦게 죽는다며 장사(葬事) 뒷바라지를 부탁받으며 웃지 않았던가!" 우리는 그저 돌연한 단연(斷緣)에 망연자실할 뿐이었다.

이별이란 그 맺는 일은 천의(天意)라 하느님의 뜻으로 되는 일이며, 인연이 끊기는 것 또한 천의에 정해진 바를 따라 끊기는 것이니 그간에 맺은 인연, 인간미와 기쁨과 보람 속에 70년이나 누리며 산 것에 감사하고 행복하게 여기기 벅찬 것이다. 무슨 어마지두에 경황이 없었던가 두 친구의 일주기가 지나갔다. 나 또한 병구(病軀)의 처지로 거동이 거의 불가능하여 마음만 늘 간절할 뿐 미망인한테 조촐한 점심 식사 한번을 대접하지 못한 채 해를 넘기고 있다.

 길찬 여름 숲의 정밀한 숲길을 다섯 호호야가 앞서거니 뒤서거니 걸어가며 걸음도 조심시키고, 아무거나 메뉴 말고 싸고 맛난 밥집이 어딘가 하고 간을 보고, 결국엔 늘 그러하듯이 거기서 거기인 발 단골 식당으로 가서 입에 단 점심을 먹으며 낡아 세월에 파인 추억의 레코드에서 긁혀 들리는 추억담에도 즐거움을 나눠 마시고는 했다. 그런 일체의 일상을 소유하고 누릴 수 없다는 망자의 이별은 그저 두렵고 슬프다. 나의 이별은 어느 고샅에까지 와 있을까 상상하니 가슴이 떨린다.

파한(破閑)이 잉태한 것

무료함이 아주 싫다. 그걸 달래느라 낮잠을 꾀어 보지만 소용이 없다. 때문에 늙어서 파적거리를 찾는 것은 이외로 어렵다. 고려조 문종 때의 문신 이인로가 《파한집》이라는 대작 시화집을 지어낸 것은 무료함에 대한 담대한 도전이었다. 당시 남자 평균수명이 30대 후반이었음에 비춰 더욱 그랬다. 그런 글재주가 없는 사람이 그런 파적거리를 찾아내는 것은 대단한 자기계발이다. 아니 힘겨운 도전이다.

어느 무료한 오후 방울토마토를 먹으며 창밖을 내다보고 있었다. 먹는 것으로 심심함을 달랜다더니 내가 그 짝이 되었다는 게 자괴감마저 들게 했다. 그 순간 시야를 메운 것은 크고 작은 화분이었다. 그중에 빈 화분이 한 개 있었는데 그날따라 꽃나무 한 포기를 껴안지 못하고 빈 가슴인 신세가 가여워 꺾꽂이 제라늄이라도 얻어다 심어야겠다 싶었다.

갑자기 입안의 토마토를 심어보자는 생각이 떠올랐다. 피식 웃음이 났다. 이미 불임인 땅에 침 섞인 씨앗을 안은들 생경한 인연이 이끌리기나 할까 싶었다. 까짓것 밑져야 본전인 거 혹시라도 기적이라도 일어나 토마토가 주렁주렁 열린다면 아, 그 기쁨은 그야말로 기적의 열매일 것이리라. 할까 말까 변덕이 한 소끔은 끓었다. 호기심만으로야 헛수고라도 당장 심는 거다. 입안에서 발라 건진 씨앗은 겨우 서너 개였고, 난 더욱 낮아진 성공 확률에 실망했다. 그러나 또 혹시나 하며 손바닥에 씨앗을 뱉었다. 말간 포의(胞衣)에 싸인 씨앗은 서슬에 흔들거리고 있었다. 나는 그 생명체가 금방 죽을 것만 같아 서둘러 화분 속에다 털어 넣었다. 그리고 슬픈 이별을 하듯 흙을 덮어주었다. 새싹이 돋아나라 빌었다. 그런데 심을 때의 호기심이나 간절한 기대에 비해 싹수의 등장에 대한 믿음과 기대는 적었다. 그렇게 그 기발한 파종은 잊혔다.

그러구러 한 열흘쯤 지났을까 무료에 이끌려 화분 자리를 서성이던 아내가 쇳소리로 날 불렀다. 연두색 어린싹이 삐죽하니 흙을 비집고 여리디여린 싹수를 내민 것이다. 우린 기뻐 환호했다. 버리듯 뱉은 씨앗이 비록 한 포기 식물이지만 생명체로 태어났다는 엄연한 사실을 실감한다는 건 감동이었다. 우리 부부의 시선은 자주 그것한테 붙잡혔다. 연두색 줄기가 올라오는가 싶더니 기지개를 켜듯 작디작은 이파리를 쫙 펼쳐 자리를 잡고는 하루가 다르게 쑥쑥 키가 자라고 잎이 커졌다. 키우는 재미에 눈의 즐거움까지 더해 그것은 무료한 일상에 귀염둥이가 되었다. 집안에 아기 울음소리가 끊긴 지 반세기를 넘겼으니 그런 생명의 탄생은 그 자체만으로 환희였다. 나는 오랜만에 우쭐해진 심정으로 그것 주변을 서성거리고 시선을 보냈다.

한데 놀라운 변화가 계속되었다. 한 가닥 싹으로 올라와 두 가닥으로 갈라진 줄기가 형 아우 경쟁하듯 하루가 다르게 자라더니 청년이 된 소년 코밑에 거뭇거뭇 수염 돋듯 잎사귀가 지그재그로 나더니 그게 마치 날개라도 되듯이 쑥쑥 자라 어느새 나와 키재기를 하기에 이르렀다. 세상에 지지대에 의지가지 해서인가 내 명치 가까이 자란 것이다.

드디어 내 입에서 "곧 꽃피고 열매가 맺겠네" 하는 기원까지 튀어나왔다. 처음 입으로 씨앗을 뱉을 때는 상상도 하지 못했던 바람이었다. 그런데 그런 바람은 헛되지 않았다. 정말로 키가 2미터가량 자라더니 거짓말처럼 꽃이 피었다. 제법 모양을 갖춘 꽃자루에 노란색 꽃이 서너 개씩 달린 꽃송이가 탄성을 자아냈다. 진정 열매를 맺을 것인가. 바람기도 없는 데서 수분(受粉)을 어떻게 하지 걱정이 앞섰다. 꽃가루가 암술을 찾아가는 자화수분은 어려우니 타화수분을 해야 한다면서 아들이 꽃자루를 살살 흔들어 주었다. 꽃가루가 날려 인위적인 수분(授粉)을 시키는 것이다. 일테면 암수 수술의 중매를 서는 셈이다.

어찌나 빨리 자라는지 2미터가 넘어 도저히 지지해 줄 방법이 없었다. 궁여지책으로 줄을 매어 천장에 매달았다. 그때는 이미 열매가 여러 개 달렸다. 처음 잎새 사이로 콩알만 한 초록색 열매가 열렸을 땐 잎새 뒤에 숨듯 묻혀있는 열매를 보고 그만 감격해 아내를 부르고 집에 오는 사람마다 그리로 이끌어 이것 좀 보라고 어린애 같은 자랑을 늘어놓고는 했다. 진정 씹다 뱉은 씨앗이 저런 큰 나무를 키웠으며, 저런 꽃과 열매를 낳았단 말인가 믿어지지 않는 것이었다.

위대한 순간

중국 고전 《한비자(韓非子)》에 실린 유명한 일화에 이런 고사가 있다. 기원전 662년 봄. 제(齊)나라 왕 환공(桓公)이 저 유명한 현신(賢臣)인 관중(管仲)을 거느리고 고죽이라는 곳을 정벌하던 때였다. 봄에 시작한 전쟁은 겨울에야 끝났는데, 귀국길에 오른 제나라 군대는 길이 생소한 타국인지라 어디선가 그만 길을 잃고 헤매게 되었다. 밤이 되자 진종일 헤맨 병사들은 기진맥진, 더 이상 전진이 불가능했다. 관중이 왕에게 진언해서 전군에게 전진을 멈추고 거기서 야숙하도록 했다.

이튿날 아침 날이 밝았을 때 그들은 주위를 돌아보고 깜짝 놀랐다. 어둠 속을 행군하는 동안에 그만 양쪽으로 험준한 산이 병풍처럼 둘러싼 계곡으로 들어와 어디가 어딘지 방향 분간을 할 수 없었기 때문이었다. 거기서 기습이라도 받으면 여지없이 전군이 궤멸당할 판이었다. 당황한 왕은 척후병을 내서 탈출로를 찾게 했다. 그러나 산은 높고 계곡이 깊어서 도무지 벗어날 길을 찾을 수가 없었다. 왕의 오판으로 전쟁에서 승리한 대군이 허무하게도 산간벽지에 갇혀 떼죽음을 당하게 된 것이다. 군신이 모두 우두망찰 절망에 빠지고 병사들이 동요했다.

왕이 망연자실해 있는데 관중이 그런 곤경에 처했을 때는 늙은 말의 지혜가 쓸모가 있다고 일깨워 주었다. 왕이 그의 말을 따라 진중에서 늙은 말 한 마리를 골라 고삐를 푼 다음 앞장세웠다. 그 늙은 말은 마치 기다렸다는 듯이 꼬불꼬불 난 길을 이리 돌고 저리 꼬부라지며 익숙하게 길을 찾아 나갔고 군사들은 그 말을 뒤따라갔다. 그리고 얼마 후 드디어 그 갇혔던 계곡을 벗어나 큰길로 나서게 되었다.

제일가는 참모와 용맹한 장수와 병사들이 즐비한 제나라 군대로도 해결할 수 없는 패권 다툼 전쟁에서 연전연승하는 강한 군주와 당대 최고의 지략가들도 해결하지 못했던 절체절명의 위기가 이름 없고 힘없는 늙은 말에 의해 극복할 수 있었다는 사실은 여러 가지 교훈을 시사하고 있다.

《한비자》에서는 저런 교훈을 '노마지지(老馬之智)', 늙은 말의 지혜라고 적고 있다. 인간이 동물에 군림하여 아무리 잘난 체를 해도 때로는 늙은 말이나 개미만 못할 수 있다는 뼈아픈 교훈인 것이다.

인간 사회에서 돌아가는 이치가 또한 그러하다. 아무리 하찮아 보이는 사람이라 하더라도 다 그 나름대로 장점과 능력을 지니고 있으며 그러한 달란트란 창조주 하느님께서 사람마다 주신 것이다.

이스라엘이 블레셋과의 전쟁에서 연전연패, 전세가 불리할 때였다. 패전은 보병전에서 무적인 적장 골리앗 때문이었다. 그는 2미터나 되는 장신으로 이스라엘군의 공포 적장이었다. 이스라엘은 적장을 이길 방도를 찾지 못해 조야가 근심에 싸였다. 그때 유다 지파 이세의 여덟 아들 중 막내인 소년 병사 다윗이 골리앗과 대적하겠다고 나섰다. 그의 형제들은 만류했고, 이스라엘 군사들은 무슨 잠꼬대인가 그의 무모함을 만용이라 비웃었다.

다윗은 돌팔매질이나 투석기로 돌을 투석하는 발사병인지라 무기라는 게 창칼이 아닌 무릿매질이었다. 작은 자갈돌을 팔매질로 적을 쓰러뜨리는 기술로 전장에서 무기로 사용하기에는 창칼보다 불리했다. 더구나 그의 주머니에 있는 무릿매 돌은 불과 5개에 불과했다. 소인과 거인 간의 대적에다 무기마저 훨씬 빈약해 그 결과는 누가 보기에도 뻔한 것 같았다.

그러나 다윗은 당당하게 나서 골리앗과 맞섰다. 골리앗은 마치 그 같은 무모한 도전이 자신을 모욕하는 것이라 분개하여 도전자를 일별한 다음 돌아가라 타일렀다.

그때 다윗은 흥분으로 벌렁거리는 가슴을 겨우 진정해 가면서 자신의 도전은 하느님께서 허락하신 일로 자신의 힘이 아니라 전능하신 하느님의 은총으로 보태신 힘으로 하는 싸움이니 반드시 승리할 것이라고 확신했다. 적장은 그 당돌함에 놀랐고 그 애국심에 감동했으며 그 깊은 신앙심에 또 놀랐다.

골리앗이 다윗을 향해 어디 공격이라도 해보라고 말했을 때 다윗의 무릿매질로 날린 돌이 연거푸 적장의 이마 한가운데를 강타하고 꽂혔다. 인체의 가장 약한 부위로 노출된 유일한 곳이 이마로 가장 위험한 곳이기도 해서 적장은 물맷돌 5개를 맞고 고꾸라져 죽었다. 이스라엘군 측에서 일제히 함성이 일고 블레셋군에서는 도저히 믿어지지 않아 내지르는 경악의 신음이 굴러 나왔다. 다윗의 승리는 절체절명의 구국 단심과 독실한 신앙에서 나온 용기 때문이었다.

구국 용사인 그 소년이 장성해 이스라엘 2대 왕이 된 다윗 대왕으로 무려 40년간이나 통치를 했으며, 부하 장수 우리아의 아내인 밧세바를 후궁으로 취해 저 유명한 솔로몬을 낳았다. 하느님께서 사람을 쓰시되 인간의 능력으로는 짐작도 할 수 없는 신묘한 방법으로 부리신다는 사실을 저 구약성서의 일화는 잘 보여주고 있다. 일테면 국가 존망이 걸린 성전을 승리로 이끌 계기 마련을 강하고 유명한 장수한테 맡긴 게 아니라 약하고 이름 없는 소년 병사한테 맡겼다는 사실은 매우 의미심장한 것이다.

이 세상의 모든 생명체에 부여된 창조주의 뜻과 사명 그리고 역할, 희생과 헌신은 인간이 스스로 다 알지 못하는 것이다. 그러므로 인간이 마음대로 그 신의를 왜곡하고 남용하며 강자의 일방적인 논리와 힘에 의한 강제로 인권을 구속하고 생존을 위협하며 자유를 제한하고 행복하게 살 권리를 방해함은 지상에서는 불의요 독재이며, 하늘에서는 단죄받을 죄악인 것이다.

이상하게도 사람들은 평범한 존재가 가만히 숨기고 있는 놀라운 능력은 눈여겨보지 않고, 눈에 보이는 것만 최고이고 전부인 양 여긴다. 뽕나무에 움뽕이 있음을 아는 이가 드물다. 그건 봄에 한 번 따낸 자리에 새 뽕잎이 다시 나는 것이다. 쓰레기로 잘못 버려진 거액의 돈뭉치를 주워 임자에게 돌려준 사람은 심성이 선한 환경미화원이었다. 길거리에 쓰러진 행인을 구해 준 사람은 잘 차려입고 요란을 떨며 하느님을 찾는 랍비가 아니라 평범하나 선한 사마리아인이었다. 적과 대치해서 나라를 지키는 수호자는 번쩍이는 별을 단 장군이 아니라 집밥이 그리운 졸병 소총수이다. 조용히 헌혈을 끝내고 돌아가는 의로운 젊은이는 건강한 청춘일 뿐 높은 자리에 앉은 나리가 아니다.

보통 사람들의 평범함이란 비유컨대 나무 위초리에 생명의 자궁처럼 달린 눈 같은 것이다. 동아(冬芽), 겨울눈이 겨울을 견디지 못하고 봄에 깨어나지 않으면 나무가 죽고 산이 죽어 지구가 멸망한다는 사실을 잠깐만이라도 생각해 보면 평범함의 위대함을 경탄하게 될 것이다. 나는 겨울 산을 오를 때마다 그리고 기다림 끝에 봄 산에서 봄을 기다리고 있는 나무들을 보며 저 겨울눈들의 무사한 부활을 빌고는 한다.

할머니 채소전

자주 가는 산의 등산로 어귀에 할머니 몇이서 연 채소전이 있다. 산자락과 산전(山田) 비슷한 밭들 어름 밤나무 숲에 낡은 판자때기를 얼기설기 맞춰 붙이고 그 위에다 폐기물 처리장에서 주워 온 듯한 비닐장판을 덧씌워 만든 산막 두 동을 마주 앉혔다. 거기가 채소전 터로 갈 데 없는 명당인 것은 여러 갈래의 등산로 중에서 가장 번다하고 발새 익은 길인 데다 반드시 지나쳐야 하는 첫 어귀이기 때문이다.

처음 채소전을 열었을 때는 할머니 한둘이 지붕 없는 좌판에다 대여섯 가지 푸성귀를 차려놓고 팔았다. 주로 오전 장사만 했는데, 종종 짝이 풀려 동그마니 혼자서 장사를 할 정도로 한산했었다. 이를테면 용돈이 아쉬우면 텃밭에서 그날 팔릴 만큼 채소를 거둬 들고 반나절 장사에 나왔으면 족한 용돈벌이를 겸한 심심풀이 채소 장수들이었다.

그런데 거기로 오는 등산객들이 부쩍 늘면서 덩달아 채소전도 인기가 올라 장사가 쏠쏠해지자 채소전 판도가 바뀌었다. 푼푼해진 용돈 자랑이 입소문을 물고 퍼졌던지 할머니 장수가 너더댓으로 늘더니 급기야 할아버지가 청일점으로 끼어들었다. 해서 늘어난 좌판을 감당하느라 채소전 산막이 두 동으로 늘어나게 되었다. 다행스럽게 좌판이 늘었어도 장사는 여전히 잘 되었다.

대개 3월이면 저 좌판에 냉이며 달래 같은 봄 풋나물이 등장하면서 그해 장사가 시작돼 11월까지 계속되는데, 달마다 온갖 제철 나물들이 때맞춰 선을 보였다. 제철 나물로는 4월 쯤 바뀌며 11월 무청까지 여느 채소전에서 볼 수 없는 것들이 때맞춰 등장했다. 그러므로 제철 채소전으로 손색이 없었다. 더구나 푸성귀 무더기 사이에 보석 박히듯 철 따라 등장하는 채소전 조치개 격인 작물들은 호기심에 찬 시선을 끌었다. 초여름의 앵두, 한여름의 살구, 가을 대추와 햇밤. 토란과 청둥호박은 계절 특산물이다.

채소전에 손님이 꾀게 하는 것은 할머니 장수들이 자연스럽게 만드는 친정어머니 분위기와 깔끔하게 다듬어내는 정성에다 절대로 솟보는 경우가 없을 것이라는 믿음 때문이다.

좌판에 올리는 푸성귀들은 바지런한 손으로 정갈하게 다듬어 소복소복하게 재어 가지런하게 진열한다. 여자들은 초벌 눈요기로 구미가 동하면 좌판 앞에 쭈그리고 앉아 마치 친정엄마

대하듯 말문을 연다. 그 대화는 아주 평범하지만 반가운 회상과 가볍게 과장된 감탄과 즐거운 조리법 어리광 구걸이 맛난 범벅처럼 뒤섞인 것이다. 오죽하면 살 마음이 없는 등산객들까지 걸음을 멈추고 구경하면서 눈이 즐거워 웃으랴.

한데 더욱 가관인 것은 머리는 부스스한 채 시골 오일장에서나 사 입을 알록달록 무늬가 놓인 헐렁 긴바지를 입은 저 할머니 장수들의 입에서 투박하나 살가운 응수가 언제나 화수분이라는 사실이다. 마치 친정어머니처럼 사근사근히 맛나게 해 먹는 조리 요령을 일러주거나 그것들이 몸에 어떻게 이로운지를 가르쳐준다. 어떤 때는 마치 자신의 조리법이 아무 데서나 들을 수 없는 비결이라도 되듯 한껏 생색을 내어 덤으로 얹어준다고 강조한다. 오뉴월에도 손이 시릴 연치에 저토록 살손을 붙여 푸성귀를 차려 파니 친정이 그리운 주부들이 홀딱거리는 게 무리가 아니다.

약간 비탈진 채소전 앞길을 지나칠 때 난 되도록 천천히 걷는다. 채소전에 새로운 상품이라도 등장했는지 좌우 좌판을 둘러보고, 유고로 빈자리가 생겼나 확인하기 위해서다. 저들은 하루가 다르게 늙고 있기 때문이다.

여름철이면 가끔씩 아침 느지막하게 좌판 한구석에 빙 둘러앉아 추렴한 막걸리를 곁들여 조반을 드는데 그 분위기가 어찌나 정다워 보이는지 꼭 띠앗머리가 화수분인 피붙이 같다. 그 슬거운 단란에서 얼마나 고소한 냄새가 풍기는지 지나가는 사람마다 웃으며 즐거운 시선을 던지고 간다.

집에서 따로 갈무리했다 가져온 주전부리라도 나눠 먹는지 할머니들은 늘 뭔가를 오물오물 먹고 있다. 눈은 지나가는 등산객의 수족을 살피고 손은 쉴 새 없이 뭔가를 다듬느라 움직거린다. 그런 광경을 볼 때마다 마루에 걸터앉아서 저녁 반찬거리를 다듬던 어머니 모습이 생각나 그립다.

어느 때는 노인들 수다를 듣는데 그 화제가 진부한 데 비해 어투가 사뭇 열띠고 진지하여 실소하다가도 괜히 뒷맛이 짠하다. 저들 수다는 격의라고는 없어 질박하기만 하다. 진위가 의심되리만큼 과장되게 자식 자랑을 늘어놔도 결코 천박하게 들리지 않으며, 듣는 이 아무도 지겨워하지 않는다.

어느 날에는 삼천 원 외상값을 가지고 믿고 기다리라느니, 거래란 분명하게 해야 하니 다음부턴 증거를 받아 지녀야 한다느니 설왕설래를 듣기도 한다. 저 노구로 번 코딱지만 한 외상값을 제발 떼먹지 말기를 속으로 빌었다.

저들 중에 허리가 구십 도로 굽은 안노인이 있는데 채소전 가까이 있는 숙전(熟田) 호박밭 주인이다. 실은 그 손바닥만 한 밭뙈기는 채소전이 열리기 전에 등산객들이 버린 나부랭이들이나 가을걷이 유물들이 뒹굴던 쓰레기 터였다. 그런데 어느 해에 거길 말끔하게 치운 후 호박을 심었는데, 오랜 휴경에 지력이 쌓이고 주인이 부지런하게 돌피를 제거해 주는 탓인지 육덕이 좋은 며느리처럼 신통하게도 늦가을까지 계속 호박잎이 쑥쑥 자라고 호박이 달려 주인 돈벌이에 톡톡히 한몫을 하는 것이다. 그 밭 주인은 저것들을 청정 재배 일등품으로 인기리에 판다. 그 할머니를 볼 때마다 그 영악한 실용성 지혜에 감탄한다.

　내가 저 채소전을 개점 때부터 지켜본 세월도 어언 십수 년이나 되었다. 말하자면 저 할머니들하고 같이 늙고 있는 셈이다. 때문에 저들이 그동안 얼마나 늙었는가를 피붙이 못잖게 잘 안다. 서글픈 것은 푸성귀들은 변함없이 철 따라 싱싱하고 풍성하게 쌓이는데 저 노인들은 갈수록 쪼글쪼글 늙는 것이다. 언젠가 저들 중 그 모습을 보이지 않을 때 마음속으로 작별을 해야 한다고 생각하면 인간 사이의 인연이 맺어지고 풀림이 실로 허망한 한순간이구나 싶다.

피와 가라지

 볏논에 마치 벼처럼 자라는 피는 벼와 한해살이 잡초로 도를 넘는 악평을 받는 곡식이다. 도정한 쌀 속에 섞인 뉘나 눈엣가시처럼 미운털이 박히기 예사인데도 피는 운명적일 만큼 볏논에 붙박여 벼처럼 살려 한다. 벼와 유유상종으로 살려는 발버둥이 오죽이나 절실한지 벼가 배동이 서기까지는 벼인지 피인지 구별이 안 된다. 그러느라 당하는 구박이 자못 심하다.
 벼 이삭이 팰 무렵이 되면 농부의 신고에 찬 신역이 시작되는데 그 첫 싸움이 힘든 김매기다. 가뭄을 이겨내고 매일 웃자란 벼가 이삭이 패고 물알이 들면서 나날이 살이 올라 알곡의 자태가 완연해지면 성가신 피사리가 시작된다. 복병처럼 벼 가운데 숨어 자란 피가 더는 본디를 숨기지 못하고 본모습을 드러내고 만다.
 피사리는 그야말로 가차 없는 숙청 작업이다. 성서에서 가라지를 추려 불구덩이 지옥으로 던져 넣듯이, 사정없이 피 꽃대를 뽑아 불볕이 이글거리는 논두렁에다 패대기를 쳐버리는 것이다. 농부의 저주는 물론 볏논을 지나치는 행인까지도 피가 무성한 논을 보면 대뜸 "웬 육시랄 피는 누구 신세를 볶으려고 저리도 장마당으로 피나 모르겠네" 하며 욕을 먹이기 예사다. 그뿐이 아니다. 사람들은 피사리를 한 번도 본 적이 없는데도 비실거리는 사람을 피에 견줘 "피죽도 못 먹었냐?" 하고 핀잔을 준다.

사실 피가 볼품이 없긴 하다. 더구나 백옥미(白玉米)에 섞이면, 그 부실하고 초라함이 사뭇 민망한 꼬락서니로 두드러진다. 여러 가지 면에서 올방개하고 사촌지간쯤 되는데도 구박은 도맡아 당한다.

그런데, 진정 그 못난 겉모양이나 사람들의 악평처럼 피라는 게 하잘것없는 잡초에 불과한 것일까 의구심을 품는 사람이란 거의 없다. 진실을 알고 나면 전혀 그렇지 않다는 사실에 놀랄 것이다. 피에 대한 인간의 오해가 민망하게 지나치기 때문이다. 우선 피가 엄연한 곡식이라는 사실이다. 피가 새의 먹이일 뿐만 아니라 인간의 식량으로도 먹을 수 있어 기록에 의하면 옛날에 구황(救荒) 식량으로 쓰인 적도 있었다. 먹을 수 없는 잡초 열매가 아니라 엄연한 식량 반열에 든 곡식인 것이다. 극심한 기근이 들 때 그게 아사를 면하게 하는 곡식으로 먹힌다는 사실은 인간의 무지한 오해를 부끄럽게 만든다. 피의 알맹이가 작은 데다 볼품마저 없지만, 그것을 삶은 물은 살충제로도 쓰인다.
 피가 가진 덕목 가운데 으뜸인 것은 아무리 척박한 땅에서도 잘 자라는 그 놀라운 생존력과 생산력이다. 아무리 흉년이 들어도 피만은 살아남아 어김없이 결실하여 기민들 입에 피죽이라도 먹이는 구황의 천사인 것이다. 그런데 어떤 사람들은 괜히 피를 폄훼한 나머지 가라지하고 싸잡아 욕보이고 패대기를 쳐댄다. 일명 '독보리'라고 하는 가라지는 성서에서까지 저주를 받았으니 같은 볏과 한해살이 잡초지만 피하고는 그 유용가치에 있어 천양지판이다. 그러므로 사람들이 피와 가라지를 제대로 구분하지 못하고 눈엣가시 같은 무용지물로 취급하는 것은 무심한 곡해가 낳은 논리 비약이다.
 세상에는 피와 같고 가라지와 같은 인간들이 벼나 잡초 속에 잘도 섞여 산다. 어느 피와 같은 어떤 사람은 오해의 손길에 뽑혀 모욕과 천대를 받고, 또 어떤 사람은 그 보잘것없어 보이는 몸을 던져 새의 먹이도 되고 구황의 천사가 되기도 한다. 하지만 세상은 예사로 피와 같은 사람을 가라지 같은 사람과 같은 부류로 싸잡아 경원하고 매도한다. 아무리 뽑히고 베어 던져버려도 피는 피대로 가라지는 가라지대로 한해살이를 천년만년으로 이어 어김없이 배동이 서고 물알이 든다. 그것이 현실이고 엄연한 불변의 섭리다. 철학자 사르트르가 말한 것처럼 저런 존재를 어찌 단순한 우연의 일치 결과라고 할 것인가.

2부

꽃자루는
잡지 마세요

나를 기다리는 동고비

 겨울 산은 아무리 마음속 사진첩을 뒤져 그 운치를 떠올려도 막상 거기에 들어서면 가련해 보이기만 하다. 그렇게도 기운차고 찬란하게 산으로 꽂히던 햇살은 풀이 죽었고, 빈 나무 새라서 머물지 못하고 지나가기만 하는 바람은 거기서 늘 소삽하다. 헐벗은 나무들은 꼭 탕자로 돌아와 문간에서 춥고 배고파 떨고 서 있는 것 같이 처량 맞다. 온 산이 종일 적요한 것은 모든 활력에 찬 흔적이 낙엽에 덮이고, 생기 찬 소리는 침묵에 묻힌 채 외로운 능선과 잔사(殘寺)와 무덤만이 도드라져 있기 때문일 것이다.
 숲속에 풋잠 든 양지 한 자락을 깔고 앉아 언제 다시 저 숲에 우듬지가 천포처럼 깔리고 성장의 계절이 올 건지 가슴이 쓸쓸한데, 가냘픈 날갯짓 소리가 푸득푸득 귓가에 걸리면서 동고비들 몇이 날아와 나를 에워싸듯 서 있는 나무를 오가며 흘끔거린다. 어느 놈은 이동할 때 원숭이가 도약하는 것처럼 나무줄기에 어슷하게 그 앙증맞은 작은 발을 붙이고는 머리를 돌려 나를 쳐다본다. 그리고 그런 동작으로 나의 주위를 맴돌 듯 난다. 곤줄박이나 어치와 다르게 유독 동고비만이 낯을 가리지 않고 곰살갑게도 저런다.

어치와 동고비와의 지근 거리 조우에 홀린 눈이 한참을 지나서야 그 홀쭉한 몸매를 본다. 언 강물 속에서 힘든 겨울을 나는 빙어가 생각난다. 몇 개월 남지 않은 산란기까지 버티려고 미늘에 생목숨이 꿰일 것을 무릅쓰고 가짜 미끼까지 물어야 하는 겨울 물고기의 궁핍이 동고비한테도 확연하다. 저 드넓은 산에 저들이 먹을 모이가 없는 것이다. 곤충은 집을 짓고 다 죽었을 것이며, 그나마 남은 풀씨는 겹겹이 쌓인 낙엽 아래로 떨어졌을 것이다. 더구나 눈이라도 내리면 저들의 여린 발톱과 부리로는 눈 속을 헤쳐 낱알 한 개를 찾아 먹을 수가 없을 것이다. 오죽이나 허기가 졌으면 누군가 무심히 흘린 음식 부스러기를 주워 먹었던 기억을 쫓아 생면부지의 내게 적선을 바랄까 생각하니 갑자기 내 빈손이 보기 싫다. 산행을 그리도 오랫동안 다니며 세운 공이나 베푼 보시도 없이 분에 넘치는 신은(神恩)을 받아 누렸으면서도 헛다짐만 할 뿐 저들한테 모이 한 줌 날라다 주지 못하는 게 부끄럽다.

내게는 동고비하고의 특별한 추억이 있다. 용문산으로 등산하러 갔을 때였다. 마당바위라는 꽤 널찍한 반석 위에 앉아 다리쉼을 하며 물을 마시고 있는데 동고비들이 나타나 우리 주위 나뭇가지를 이쪽저쪽에서 기웃거리며 날아다녔다. 혹시나 싶어 달지 않은 과자 부스러기를 잘게 부숴 발치께로 흩뿌려 주었다. 동고비들은 서슴없이 번갈아 내려와 먹이를 물고 돌아갔다. 몹시도 굶주렸거나 등산객들한테 먹이를 얻어먹는 데 길든 것 같았다. 어쨌거나 새들의 거리낌 없는 접근에 우리 일행은 기분이 좋았다. 사람이 사람도 못 믿는 세상에 저 가녀린 동고비의 새가슴에서 순수한 신뢰가 메마르지 않고 건재해 생면부지의 등산객에게 의심 없이 내보이나 놀라웠기 때문이다.

나는 곧 호기심을 키워 한 가지 실험을 했다. 몇 차례 먹이를 줄 때마다 저들 들으라고 뭔가를 지껄였다. 그리고 약간 뜸을 들였다가 왼손을 내밀어 펴고는 그 위에다 먹이를 놓고 전과 같은 말을 되풀이했다. 그러자 놀랍게도 새들이 거기로 날아와 먹이를 물고 가는 것이었다. 저들이 앙증맞은 두 발로 내 손바닥 언저리를 딛고 누르며 작디작은 부리로 바로 코앞에서 먹이를 콕콕 찍어댈 때, 그 미세하지만, 우레처럼 가슴에 울려 번지는 즐거운 흥분과 감동으로 행복했다. 먹이가 떨어지자 새들은 날아가 버렸고 우리도 즐거운 추억거리를 가슴에 담고 산에서 내려왔다. 그리고 세월에 그 추억은 씻겨 희미해졌다.

머리 위로 까마귀가 까악 거리며 지나갔다. 나는 과거에 그랬던 것처럼 산에서 내려갈 때 까마귀 정신이 되어 동고비에 보냈던 연민을 잊어버렸고, 같은 그곳에 다리쉼을 하며 또 아무런 가치도 없는 연민을 몇 번이나 되풀이했다.

그러구러 서너 주가 지나가고 한겨울에 들어서고서야 까마귀 정신에서 벗어나 용문산 동고비와 함께 굶는 동고비를 떠올렸다. 그리고 드디어 장에서 사 온 메조를 날라다 몇 군데에다 놓아주었다. 아쉽게도 그날 내 주위를 서성거리는 동고비는 한 마리도 없었다. 산에서 내려올 때, 동고비들이 산자락 농가 뒤란에 매달린 올게심니 좁쌀이라도 쪼아먹고 연명하고 있는지, 아니면 어느 구새 속에서 기진해 얼어 죽지나 않았는지 사위스러운 상상이 뒤따라와 우울했다. 천신(薦新)을 기다리는 올게심니를 훔쳐 먹고서라도 목숨을 부지해야 무심한 눈길만 스쳐 지나갈 뿐인 미물의 생존이 꺾이지 않을 것인데 하고 무사를 빌었다.

하루를 겨우 참고 산행을 나섰다. 모이를 놔준 장소로 접근할 때 나도 모르게 긴장했다. 세 곳 중 두 곳의 모이가 한 톨도 남김없이 사라졌다. 아, 동고비들이 모이를 놓고 가는 나를 지켜봤거나 내가 빈손을 내려다보며 연민하던 마음을 읽고 믿어 기다렸던가 보다.

솔밭 자락에 있는 나무 의자 모서리에 한 주먹 좁쌀을 놓는데 씻 씻 소리가 들리며 대여섯 마리 동고비들이 날아왔다. 내가 옆자리로 비켜서기 바쁘게 교대로 내려와 모이를 맛있게 먹었다. 아마도 꼬박 하루 반나절이나 나를 기다렸던가 보다. 저런 미물한테도 믿고 기다린다는 건 아름답고 희망찬 것인 게다.

저렇게 겨우살이 먹이 주기가 시작되었다. 11월부터 늦어도 3월 말까지는 먹이를 대줘야 할 텐데 내 적성(赤誠)이 얼마나 가려는지 의문이었다. 한데 감사하게도 산행하기에 건강에 문제가 없어 여덟 해가 지난 지금까지 먹이 보시를 계속하고 있다. 저들 덕분에 두 다리가 건강한 것이다. 이를테면 동고비와 나는 좋은 인연을 맺고 사는 것이다. 이거 산에 가서 아무나 누릴 수 있는 기쁨이다.

청자모정

여행길에 우연히 충주박물관에 들렀을 때였다. 눈길을 끈 게 있었는데 청자모정, 청자로 만든 못의 모자였다. 청자제품 전시실을 돌아보던 중에 수병이며 향로, 주전자, 합, 그릇 등 보물 반열에 드는 청자 작품들 한 귀퉁이에 부수품처럼 놓인 작은 청자 제품이었다. 그건 다른 청자 제품에 비해 너무나 작고 고깔모자와 닮은 형태라서 박물관 말석이라도 전시물에 끼었다는 게 의아했다. 고깔 형태가 전부일 뿐 주둥아리가 있거나 손잡이 귀가 달리지도 않았으며, 더구나 상감을 했거나 그림을 그려 넣지 않은 밋밋한 모양이었다.

쪼그리고 앉아 명찰을 읽었다. 모자라 함은 덮개를 의미했다. 못이 쓰는 모자가 다 있다니 이전에 들도 보도 못한 발견이었다. 호기심과 함께 어느 와공(瓦工)이 심심풀이로 빚어본 게 아닌가 장난스러운 상상까지 들었다. 그런 걸 무슨 작품인 양 청자로 빚고 전시까지 했다는 게 마치 해학의 오만한 여유처럼 느껴졌다. 옛날엔 대체 무엇에 박히는 못인데 저토록 칙사 대접을 하여 청자로 빚은 모자까지 씌운 것인지 그 사연이 궁금했다.

그 사연이란 아주 단순했다. 못 덮개는 옛날 기와 잇기에 쓰였던 것으로 못이 빗물에 녹슬어 삭아서 기와 이음을 풀리게 만들지 않도록 방수용 빗물받이로 씌웠던 것이며, 녹물이 흘러내려 단청을 더럽히지 않게 배수용으로 씌운 것이다. 어느 기와장이의 발상이었던가 그 덮개의 모양을 고깔모자형을 취한 안목이 참으로 지혜롭고도 멋지다. 실용성에 멋까지 겸비한 배려가 그야말로 산 예술이다. 아마도 밖으로 드러나 보이지 않는 곳에 박힐지라도 값진 건물의 형태를 지탱하는 데 일조한다는 자긍심을 부어 넣어 멋진 고깔모자 모양으로 빚었을 것이다.

옛날엔 저렇게 은근히 멋진 장인이나 기술자가 도처에 자기 자리를 지키고 살며 알게 모르게 부조화나 위험을 막아서고, 조화의 아름다움을 심고 빛내려고 애썼던 것이니 저런 민초들의 헌신과 멋으로 우리의 삶이 유지되고 윤택해질 수 있었을 것이다.

페스탈로치가 길에 널린 사금파리를 줍고, 기와장이가 천년 가게 문화유물을 보존시키려고 못에다 청자 덮개를 씌우는 것과 같은 멋진 배려와 헌신이 이 세상에 계속되지 않는다면 역사의 맥리는 흉하게 훼손되고 인간관계는 살벌하게 돌아갈 것이다.

겨울 와유 여행기

일기 예보로는 여행 떠나는 내일에 구름이 많이 낄 것이란다. 차창 밖 풍경을 여수에 겨운 눈에 넣으려면 눈부신 청명한 날보다는 차라리 잠포록한 날씨가 더 좋다.

청량리역에서 9시에 뜨는 중앙선 경주행 열차를 타려면 지하철을 두 번이나 갈아타야 해서 7시에는 집을 나서야 한다. 나의 시간 계산으로라면 그렇게 서둘러 떠나면 아마도 표를 끊고 반 시간가량을 대합실에 앉아 사람 구경을 하는 내가 좋아하는 욕기 여행 조치개를 초벌 요기로 질러 먹을 수 있을 것이다.

나의 이번 최종 행선지는 단양을 거쳐 충주에 있는 비내섬이다. 첫 기착지를 단양으로 잡은 것은 참으로 오랜만에 기차를 그것도 중앙선으로 타고 싶어서이고, 강추위에 들려 빙판 위로 올라섰다는 도담삼봉 바위섬을 보기 위해서다. 청량리역에서 단양까지는 무궁화 열차 편으로 세 시간이 걸려 9시 차를 타면

정오 임박해 도착한다. 세 시간이면 기차여행 거리로는 너무 짧아 아쉽거나 너무 멀어 지루하지 않은 아주 알맞은 편이다. 열차 안에서 싸 온 점심 도시락을 여유 있게 먹을 수도 있고, 웬만한 추억의 풍광 파노라마를 실컷 감상할 수도 있다. 단양에서 점심을 달게 먹기 위해 조치개로는 냉장시킨 얘기 귤 몇 개만 주머니에 넣고 갈 것이다. 그리고 산촌에 사는 문우가 보내준 시 서너 편을 가져가 읽을 것이다.

 단양에 내려서면 분명히 평소 이른 점심을 먹는 나의 시장기가 성화를 부릴 것이고, 나는 미리 점찍어 놓은 식당을 찾아 전통시장통으로 갈 것이다. 거기에 토속 음식을 맛깔스럽게 차려내는 뚝배기보다 장맛이 더 좋은 꺼벙한 식당이 있는데, 메밀부침 안주에다 소백산 동동주 한 잔을 마시고 보리밥을 먹을 것이다. 배꽃 필 때 시객(詩客)으로도 외로워 보일 호호야가 설한에 외톨이 여행을 나선 게 안쓰러워 보여서 주인아주머니가 술 한 잔을 더 권할지 모른다. 그러면 못 이기는 체 이번엔 검은콩 막걸리를 달래서 아껴 마실 것이다. 내가 옷고름을 풀라 할 것인가, 인정 값으로 아주머니가 은근히 섹시하다 사탕발림을 할 것이다. 착각으로라도 잠시 그녀가 즐거워한다면 나는 말 보시를 한 셈이 될 것이다.

 그리고 두 잔째 술값은 받지 않겠다는 인정 때문에 나는 그 식당을 뒤돌아보며 돈 많이 벌라고 빌면서 시장을 벗어날 것이다. 올해는 눈이 잦으니 그때 성기게라도 눈발이 날릴지 모른다. 그러면 택시를 타고 도담삼봉에 갈 것이다. 강이 얼어 뱃길이 막혔으니 물에 올라앉은 돌섬 형국이 된 도담삼봉은 얼음길을 걸어 접근할 수 있을 것이다. 그러나 나는 그런 방법은 마음에 들지 않는다. 그 모습이 가장 아름다운 그림으로 보이는 떨어진 거리에서 바라보고 싶은 것이다. 꽃이고 미인이고 경치고 간에 심미안의 가장 적합한 틀에 넣기 알맞은 거리가 있어 탐미에는 그 거리의 유지가 중요하기 때문이다. 아마도 해빙이 늦은 강변 산길은 미끄러워 차가 기어갈 것이다. 그러면 계산기가 찍는 요금에 웃돈을 얹어 줄 테니 천천히 가자 이르고 설경을 즐길 것이다.

구담봉이며 몇몇 군데를 구경하고 나면 그러구러 석양이 내릴 것이다. 나는 하룻밤 유숙할 여관을 찾아갈 것이다. 주인에게 야심한 밤에 잠깐 쉬었다 가는 술 취한 남녀를 옆방에 들이지 말아 달라고 부탁할 것이다. 홀로 여행길 여수가 고상고상 잠을 설치게 하는 고통까지 당하는 건 참을 수 없기 때문이다.

저녁은 어부네 집을 찾아가 남한강에서 잡아 올린 민물고기 매운탕으로 배불리 먹을 것이다. 여행이야 눈 호사 못지않게 그 지방 맛난 토속 음식을 포식하는 즐거움도 누려야 공평하기 때문이다.

이튿날 아침은 햇살이 눈부시리라. 나는 청신한 공기를 굶주린 사람처럼 들이마시고 강을 내다보며 체조를 할 것이다. 그리고 냉기가 뼛속까지 파고드는 고인 물로 살갗이 얼얼하고 붉어지도록 세수를 한 후 물기를 닦아낸 달아오른 얼굴을 말갛고 따스한 햇볕 속으로 들이밀고 눈을 감으며 힘껏 기지개를 켤 것이다. 그때 살아 숨 쉬는 희열이 기분 좋게 차오르며 나의 건재함이 얼마나 감사한가를 거듭 실감하게 될 것이다.

그리고 간단한 여구를 챙겨 들고 전통시장으로 가서 순대국밥으로 아침을 먹을 것이다. 밤새 온갖 잡고기들을 넣고 우린 첫물 진국으로 말아 낸 순댓국에다 숭덩숭덩 썬 중파를 듬뿍 넣고 자근자근 국물 속으로 눌러가며 그 위로 뜨는 국물을 떠서 천천히 입에 넣으면 모든 식재의 구석구석에서 우러난 진미가 어우러진 깊은 우아미 맛이 나의 미뢰들을 혼절하게 할 것이다. 여행자는 모름지기 이른 아침 해장국집에 들러 가마솥에서 첫국으로 말아낸 국밥을 먹어야 진짜 여수를 맛볼 수 있는 것이다.

나는 마치 처가에서 융숭한 대접을 받고 행복한 걸음으로 떠나는 사위처럼 느긋한 기분으로 시외버스터미널로 가서 한 시간 반쯤 걸리는 충주행 버스를 탈 것이다. 충주에 내려서는 택시를 타고 비내섬으로 갈 것이다. 아마도 거기에 닿을 즈음이면 찬 동살이 다 걷힌 열한 시쯤 될 것이니 비내섬에 찬바람이 불어도 과히 스산하진 않을 것이다. 거기서 택시를 붙잡아 둔 채 옛날에 친구와 앉아 강물을 바라보며 정담을 나눴던 갈대숲 언저리에 앉아 회상의 나래를 펼 것이다. 내가 즐거운 자락(恣樂)을 줍는 동안 택시 운전사는 재운이 든 날이라 속으로 좋아하면서도 별난 손님이 신경 쓰여 멀리 서서 나로부터 시선을 떼지 못할 것이다.

충주 시내로 돌아와 차비를 후하게 쳐 건네고 버스터미널 대합실로 들어가 차표를 끊고 나면 1박 2일 욕기 여행이 만족하게 마무리되었다는 안도감과 즐거움으로 나는 행복할 것이다.

귀갓길에선 창밖에 널린 낙조에 물든 낙수(落穗)를 주우면 조금도 지루하지 않을 것이다. 그리고 나는 틀림없이 즐겁고 조금은 득의에 찬 채 집으로 들어설 것이다.

옛날 선비들은 '와유도(臥遊圖)'를 만들어 즐겼다. 앓아누워 와유도라는 관광 지도를 짚어가며 유람을 즐긴 것이다. 지금 내가 와병 중이라 한 해가 다하도록 벼르기만 하다가 끝내 놓친 여행을 옛 선비가 와유하듯 흉내를 내서 다녀왔다. 기분이 나쁘지 않다. 단지 여수를 맛보지 못하는 여행이 향기를 맡지 못하는 꽃처럼 일말의 아쉬움을 남기긴 했다. 역시 여행은 아날로그 길로 가야 제맛이 나나 보다.

구박데기 노염

  사람들은 입추가 지나기 바쁘게 무더위가 한풀 꺾였음에도 물러나지 않고 기승을 부린다며 노염(老炎)을 탓한다. 굼적거리고 있는 마지막 더위가 아주 못마땅한 것이다. 해동기에 접어들자마자 봄이 더디 온다고 안달했던 터에 이제는 정반대로 여름이 빨리 가버리지 않는다고 성화를 대니 사람의 마음이란 게 조변석개(朝變夕改)다.
  추석이 지나면서 노염이 눈에 띄게 수그러들었다. 사람들은 성급하게 좋은 계절 가을이 완연하다며 올 따라 가을 과일이 유난히 풍년에다 잘 익어 맛이 뛰어나다고 칭찬 일색이다. 그 풍요로운 수확이 가능한 게 다 무엇 때문인지 잘 알면서도 한마디 공치사조차 없다. 물러가고 있던 늦더위가 주춤 멈춰서 돌아보며 쓸쓸하게 웃는다.
  사실 아는지는 모르지만 모두들 관심이 없는 것만은 분명하다. 늦여름의 잔서(殘暑)에는 못다 쏟은 여열(餘熱)이라는 열꽃이 피는데 그게 모든 생물의 생육과 결실에 아주 유익한 기여를 한다는 사실 말이다.

장마에 갇혀 뒤늦게 우화한 매미들은 바짝 다가오는 말복이 지나가면 여름이 끝나리라는 촉박함을 알고 정말 결사적으로 짝짓기 대상을 찾아 치열하게 운다. 박명조차 트이지 않은 꼭두새벽부터 울기 시작하고, 해가 지면 가로등 불빛에 의존하여 밤에도 운다. 해서 늦여름이면 목쉰 매미들이 여기저기에 속출한다. 저 간절함을 잠시만이라도 헤아린다면 말이라도 여름 더러 빨리 가버리라고 할 수가 없는 것이다. 그건 저 매미들의 짧디짧은 생애가 끝나는 것을 의미하기 때문이다.

벼가 자라고 있는 논에 가보면 여름이 굼적거리는 바람에 매일 보시받는 여열이 어떤 기적을 만들고 있는지 알 수 있다. 여름 내내 벼 포기마다 포태하여 자란 벼 이삭이 패면 여열이 한창인 8월 들어 늦더위의 막바지 무렵에 벼꽃이 서둘러 핀다. 그리고 이어 이삭마다 배동이 서면 그 벼 쭉정이 속으로 물알이 들게 땅을 덥히고, 드디어 알갱이가 생기면 그걸 쌀알로 여물도록 하는 게 여열의 역할이다. 노염을 먹고 쌀알이 통통하게 살이 찌는 것이다. 그 무렵 하루하루의 햇볕과 늦더위는 생물의 결실을 돌보는 천사인 것이다. 여름 막바지에 땡볕 속을 걸어갈 때면 유쾌한 상념이 따라온다. 나는 그때 왜 사람들이 늦더위에다 아무렇지 않게 불평을 늘어놓을까 생각해 본다.

현대인의 특징 중 하나가 참지를 못하는 조급증이다. 참지 못하면 기다릴 줄 모르며, 기다리지 못하면 기다리는 동안 할 수 있는 이해와 용서에 인색하게 된다. 더구나 기다림으로써 감사할 기회를 잡을 수가 없다. 살아 있어 햇볕을 쬘 수 있다는 사실이 갑자기 감사하다. 그것은 뭔가 여유로움을 향유하는 것으로 하느님의 축복인 것이며, 행복한 자유의 만끽인 것이다.

그러므로 굼적거리고 있는 잔서를 혹시라도 구박하거나 홀대해서는 안 된다. 억울한 오해와 무지한 냉대에도 불구하고 여열은 올해도 백로가 코앞인데도 물러갈 줄 모른 채 연일 한낮에는 불볕을 쏟았다. 그 하루 불볕이 금쪽같은 생물들이 도처에서 종일 해바라기에 여념이 없었다. 호박밭엔 여전히 한여름처럼 암수 꽃이 정분을 터서 애기 호박이 열리고, 고구마는 매일 통통하니 살이 올랐다. 수수는 몸이 무거워져 고개를 숙이기 시작했고, 배추 고갱이는 날로 성숙해 속살이 속속 풍염해졌다. 봉선화 씨주머니가 내년에 꽃을 피울 씨앗을 무사히 낳으려면 뜨거운 여열을 더 먹고 탱탱하게 부풀어야 했다. 고추잠자리들의 생의 마감과 재생을 위한 군무는 늦더위에 한창이다. 여름 과일이 알맞게 익고 송이밤이 알밤으로 익으려면 뜨거운 햇볕이 더 필요했다.

저렇게 여름이 굼적거리기를 바라는 생물들이 적지 않은 것이다. 함부로 늦더위가 지겹다고 구박할 게 아니었다.

깨끔한 메꽃

 탈색(奪色)의 아름다움은 없어도 그 자태가 사뭇 그윽하며 그 얼굴이 아담한 꽃에 메꽃만 한 게 없다. 그건 무명초에 가까우리만큼 사람들이 잘 모를뿐더러 그것을 발견하고 반색하는 게 꼭 어미가 귀염둥이 새끼를 바람만바람만 하는 것처럼 애틋하다. 그걸 볼 때마다 불가(佛家)에서 말하는 진공(眞空)이란 말이 생각날 정도로 존재하지 않는 것 같으면서 꾸준히 거기에 존재하며, 사실상 그 속에 다르고 아름다운 것을 소유하고 있다는 느낌을 받는다.
 뭔가 메꽃은 여름꽃 중에 숨은 보석 같은 꽃이다. 햇볕 바른 산자락 풀숲이나 들길 가에 여름 내내 피는 여러해살이꽃으로 선화(旋花)라고도 한다. 덩굴로 번식하는데 그 여린 모습에 어울리지 않게 작열하는 여름 햇볕을 좋아해 낮에 피었다가 저녁엔 오므려 잠잔다. 그 꽃 모양이 나팔꽃과 너무나도 흡사해서 이름을 모르는 이들은 예사로 나팔꽃이라 한다. 그 크기가 나팔꽃보다 약간 작고 색깔도 엷은 보랏빛이 도는 담홍색과 흰색뿐이다.

그 꽃은 겉모습이 나팔꽃과 유사한 데 비해 판이한 데가 있다. 그것은 외래종인 나팔꽃과 달리 순수한 토종에다 식용과 약용이 가능하다. 그 자태의 단아함이나 그 색깔의 청담(淸淡)함에 있어 훨씬 빼어나며 언제 보아도 한결같이 음전하고 수줍다. 원인을 알 수 없으나 애처롭게도 메꽃은 굴러들어온 돌에 박힌 돌이 뽑혀 나가듯 보기가 아주 힘들다.

아름다움의 우열을 가리기 위해 꽃과 꽃을 비교한다는 것은 우스운 일일 것이다. 꽃은 꽃인 것만으로도 이미 아름다운 것이며, 그 아름다움으로 꽃이라 할 수 있기 때문이다. 그러나 사람들은 아무렇지 않게 이 꽃과 저 꽃을 아름다움이나 향기로 비교한다. 그냥 심심풀이나 장난삼아 하는 비교가 아니다. 그 선호 심리 속에는 꽃의 아름다움뿐만 아니라 그 자태는 물론 꽃말과 신화적 일화까지를 가려 담는다.

언젠가 친구로부터 메꽃과 장미꽃 중에 어느 것을 더 좋아하는지 질문을 받은 적이 있었다. 상식적으로야 장미가 훨씬 아름다워 더 많은 사람이 좋아할 것이라는 데 누군들 이의가 없을 것이다. 그러나 나의 결론은 사람의 손으로 가꿔 피우는 장미보다는 자연히 피는 야생화인 메꽃이 더 좋다는 쪽으로 났다. 우아하면서도 화려하고 농염하기까지 한 장미를 좋아하지 않을 사람이야 없겠지만, 그보다는 청순한 아름다움을 지닌 메꽃이 더 좋다. 아마도 장미는 떨어져서 바라보게 되거나 꺾고 싶은데 비해 메꽃은 애잔해 보여 가슴에 보듬어 안아주고 싶어지기 때문인지 모른다. 그만큼 장미는 강렬한 미색에서 뛰어난 반면에 메꽃은 가슴에 젖어 드는 단순미에서 뛰어나다. 장미는 화려하나 마무리가 허무한 데 비해 메꽃은 피고 지는 시종이 단정해서 낙화를 향한 연민이 쉽게 눈을 돌리지 못하게 한다.

한여름 이슬이 채 마르지 않은 이른 아침에 산행 길가 풀숲에서 겨우 모습을 갈무리한 채 함초롬히 피어 있는 메꽃을 만나면 마치 숲길에서 뜻밖에도 해맑은 얼굴을 한 아름다운 소녀와 마주친 것처럼 가슴이 두근거린다. 메꽃을 볼 때 어느 경우에는 이상하게도 내가 태어나기 전에 죽은 누이가 생각나기도 한다. 그 풍정이 마치 손이 닿을 수 없는 숲의 이상향인 아카디아 같아서인지 모르겠다. 한 송이 꽃으로 볼 때 그 아름다움의 완성에 있어 메꽃이 장미보다 훨씬 뛰어나다. 장미는 다붓다붓 꽃다발을 이루고 꽃밭에 다보록하게 피어야 아름다움이 돋보이지만, 메꽃은 홀로 피어도 손색이 없다.

메꽃이 장미보다 월등한 것은 꽃이 지는 모습이다. 장미는 종언에 이르러 무슨 맺힌 한이 컸던지 꽃잎마다 제멋대로 뜯겨 본디로부터 몸부림치듯 떨어져 나간다. 메꽃은 그러하지 않으니 종언이 임박했음을 알면서도 아직 다하지 못한 사랑을 부여안듯 밤으로는 오므렸다 날이 밝기 무섭게 다시 피어나기를 여러 차례 거듭하고서야 일생을 마감한다. 생전의 모습을 흐트러

뜨리지 않은 채 그대로 유지해 미라가 된다. 장미처럼 주검이 결코 추하지 않다.

　그러나 어쩌랴, 아무리 아름답고 좋아하는 꽃이라 한들 좀처럼 보기 어려워서야 무슨 의미가 있을 것인가. 장미야 꽃가게에서 진종일 선을 보이다가 주인을 만나지 못하면 그대로 시들어 버려질 만큼 쌔고 쌨지만, 메꽃은 한 해에 한두 번 볼까 말까인 데다가 그나마도 도시에서는 거의 불가능하다. 메꽃은 그런 면에서 다정한 눈길조차 제대로 받지 못하고 한 삶을 살다 사라지는 고독하고 기박한 꽃이다.

　이 글을 쓰는 지금 장마철에 비가 멈춘 날이면 잠깐 머물다 사라지는 볕뉘를 반겨 마치 진초록 비단에 분홍색 보석이 박히듯 풀숲에 메꽃이 핀다. 그나마 여러해살이인 게 다행이다.

꽃자루는 잡지 마세요

　산촌에 사는 문우가 아침 산보길에서 담았다며 스냅사진 한 장 보내왔다. 훤칠한 꽃자루에 은빛 통꽃[合瓣花]을 이고 있는 민들레 꽃자루 독사진이었다. 그 사진 말미에는 거두절미한 채 "꽃자루는 잡지 마세요"라고 사족을 달았다. 그 붙임말이 숨긴 은유가 궁금해서 평소와 달리 유심하게 살펴보고, 두고두고 생각했다.

　민들레꽃은 한 송이를 이루는 작은 꽃인 두상화(頭狀花)가 백 개가 넘게 모여 한 꽃처럼 핀다. 민들레의 미덕을 말할 때 여럿 작은 꽃이 모여 단란한 대가족처럼 한 송이로 피는 것을 '예(禮)의 미덕'이라고 했다. 내가 알기로 그보다 더 큰 미덕이 있으니 그 질긴 생존력이다. 그 강인함은 어느 식물보다 뛰어나다. 마소와 수레에 짓밟혀도 죽지 않고 살아나는 끈질긴 생명력이나 아무리 척박한 땅에 뿌리 내려도 모진 엄동설한과 극심한 한발을 거뜬하게 견디어 내 꽃을 피우는 한결같음은 '인(忍)의 으뜸'이라 해도 결코 지나치지 않다.

더더욱 놀라운 것은 그 꽃의 일생이 종언을 고할 때가 되면 마치 영예의 관처럼 눈부신 은빛 화관을 쓰고는 거기에 달린 주옥같은 포공(蒲公)이라는 그 씨앗이 관모(冠毛)라는 날개를 달고 우화(羽化) 비행을 떠나는데 자못 신비한 운명의 도정(道程)에 나서는 것이다.

문우나 나의 눈길을 사로잡아 저 우화의 도정을 천착(穿鑿)하게 만든 것은 아마도 그 꽃대의 바르게 선 의연함과 한 화상(花床)에 젖줄을 대고 살며 영글어 마치 우화등선(羽化登仙)하듯이 외경한 미래의 생존을 개척하러 떠나는 그 용기 때문이다. 비록 작은 씨앗으로 생사를 가늠할 수 없는 여정에 나설지라도 한 대의 꽃자루에 의지하여 바람이라는 운명의 길잡이를 기다려 외롭고 추운 밤을 견디어내는 그 진지한 순명의 자세가 결코 가볍지 않다.

미풍인지 마파람인지 모르지만, 어느 바람결인가에 저 씨앗들은 당당하게 날릴 것이다. 그 날릴 행방이나 거리를 아무도 모른다. 그 바람의 주인이 자연의 섭리이기 때문이다. 어느 것은 평화로운 풀숲에 떨어질 것이고, 어느 것은 엉겅퀴 덤불 속으로 처박힐 것이다. 어느 것은 한 치 차이로 햇볕 바른 유수부지 풀밭에 안착할 것이고, 어느 것은 여울진 개천에 떨어질 것이다.

어느 것은 불행하게도 너무 멀리 날려 매연과 소음 가득한 도시의 아스팔트 위로 곤두박질칠 것이고, 어느 것은 가까스로 탄천 옹벽 틈새 속으로 떨어져 고사의 위기를 모면할 것이다. 어느 것은 불행하게도 개구쟁이 등짝에 묻어 세탁기 속으로 지옥행을 할 것이고, 어느 것은 보도 위에 떨어져 무심한 신발에 밟혀 으스러질 것이다. 저렇게 씨앗의 운명이 제 나름대로 끝날 때 겨울은 닥칠 것이다.

대체 민들레 씨앗들이 운명의 비행을 마치고 관모의 날개를 접어 봄을 기다리는 도정의 가치란 무엇인가. 그 일생이란 게 너무나 미미하고 평범한지라 스냅 촬영에다 사유할 거리를 사족으로 달 만큼의 가치와 흥미가 무에 있을 것인가.

《법구경(法句經)》에서 꽃의 영예와 고련(苦辣)을 이렇게 묘사했다.

"따스한 햇볕과 고운 바람 앞에 꽃다운 향기와 아름다운 맵시로 우리의 마음을 빛나게 하는 가지각색의 꽃에는 자랑스러운 영예가 있다. 무겁고 어두운 검은 흙 속에서 남모르는 인종과 침묵의 성업(聖業)을 쌓아가는 그 뿌리에는 쓸쓸한 고통스러운 고련이 있다. 그러나 자랑스러운 영예는 쓸쓸한 고련에서 피어난 꽃이거니, 법도의 기쁨과 즐거움 속에서 혼자 가만히 살아가는 고련의 생명은 축복이어라."

하여 민들레의 한 통꽃은 그 뿌리의 고통스러운 시련이 보듬어 안아 키워 꽃피운 법의 기쁨이고, 도의 즐거움인 영예인 것,

포공들이 관모의 날개를 펼쳐 운명의 도정을 떠나는 건 섭리의 극치인 것이다. 어찌 무심한 손으로 그 꽃자루를 잡아 미풍이든 마파람이든 섭리의 사자를 기다리는 것을 훼방할 것이며, 어찌 경솔한 발길질로 걷어차 희망의 도정을 유린할 것인가.

사람이 진흙밭의 연꽃처럼 찬류(竄流)에서 피우는 영예라는 것이 어찌 저런 것만 못한 도정의 산물일 것인가. 그럼에도 우리는 마치 우연히 마주친 민들레 꽃자루를 잡아 흔들고 걷어차 아무렇지 않게 남의 삶에 개입하고, 쥐고 흔들어 그 도정을 방해하고 유린하기를 주저치 않는다. 우리가 힘으로는 지식의 우월로든 돈이나 권력으로는 그러할 때 우리는 창조주의 섭리를 파훼(破毀)하는 것이다.

식구를 먹여 살리기 위해 해녀가 평생 물질을 하며 성게를 땄어도 해녀는 그 성게의 진미를 알지 못한다. 귀한 걸 팔아 생활비를 벌어야 하기 때문에 잡는 족족 내다 팔기에 바빠 그 맛을 본 적이 없기 때문이다. 그 사실을 고백하는 해녀나 듣는 이 모두가 그 간난신고의 삶에 핀 희생과 사랑의 꽃의 아름다움에 눈시울을 붉힌다. 아, 그 외경한 생존의 영예를 지키고 피우기 위해 해녀는 그 고련을 당연한 운명으로 감내한 것이다.

어찌 저 민들레 꽃자루를 무심히 쳐다보고 감히 잡아 흔들 수 있을 것인가. 선배 문우의 에둘러 가르치는 풍유(諷諭)인지는 모르겠지만 모처럼 재미난 가르침을 받아 기쁘다. 초하가 코앞이니 어디선가 민들레 꽃자루가 바람에 흔들려 은빛 관모가 반짝이는 씨앗들을 미지의 세계로 날려 보내고 있을 것이다. 그리고 그 꽃자루는 드디어 탈진하여 조용히 꺾이며 생을 마감할 것이다.

미니도서관

　내가 사는 아파트단지 뒤란에 인접해 난 '묘한 통로'가 있다. 굳이 묘하다고 하는 것은 그 길의 풍정이 이외로 다채롭고 그 이용성이 뛰어나기 때문이다. 그 통로는 전철역 출입구로부터 한 2킬로미터 거리를 뻗어 지하보도와 탄천을 건너 아파트촌으로 연결된 꽤 붐비는 길이다. 길가의 큰 나무들은 짙은 그늘을 드리우고 있고, 쉼터로 참하게 생긴 원두막도 있다. 그 옆 바른편에는 채소 장수 두셋이 푸성귀 등 밭작물을 팔고, 왼편에는 여러 가지 행상이 번갈아 좌판을 벌인다. 레깅스를 입혀 각선미를 자랑하는 마네킹이 등장하는 옷 장수, 거창한 선전문을 내건 우유 시음 코너, 웰빙 바람을 탄 건강식용 곡물상, 미끼 삼아 지폐를 흔들며 신문 구독을 권유하는 선전원, 전도용 간행물의 전시대, 신 발매 치즈 시식 코너, 솜사탕 장수, 그리고 찬바람이 불기 시작하면서 등장하는 잉어 빵 장수 등 그 면면이 다양하다.

그런데 며칠 전 거기에 난데없이 마치 색소폰을 부는 거리의 악사처럼 '미니도서관'이라는 이름표를 붙인 목조 도서관(?)이 등장했다. 크기냐고 30센티미터 높이에 한 50센티미터 폭에 불과해서 단칸에다 책을 가득 채워 꽂아도 오륙십 권이 고작일 정도다. 미니도서관은커녕 초미니 자를 붙이기에도 어울리지 않아 차라리 장난감도서관이라고 하는 게 더 어울릴 판이다. 게다가 지붕은 고상한 하늘색의 팔기 자 모양으로 이고, 문은 두 쪽의 여닫이인 데다가 어른 배꼽 높이로 쪽 곧은 두 나무다리에 깡총하니 얹혀 서 있는 모습이 가관이다. 해서 첫눈에는 애걔걔 저 꼴에다 미니도서관을 자칭하다니 웃음이 절로 나오게 했던 것이다.

그러나 저런 느낌은 어디까지나 내 안목에 비춘 형상을 따라 잠깐 든 것일 뿐, 사실 나는 그걸 찬찬히 쳐다보며 웃기는커녕 가슴속으로 뭔가 뜨거운 뭉치가 울컥 솟구치는 걸 느꼈다. 저런 발상이라는 게 한없이 순수해 보이기도 하고, 한편으로는 세상을 향한 은유적인 나무람 같기도 했다.

나는 잠자리에서 고상거리며 대체 저런 우스꽝스러운 도서관을 버젓이 세우는 사람은 어떤 사람일까 생각해 보았다. 혼자서 느낄 뿐이긴 하지만, 저런 도서관을 세우는 사람은 순수하고 아름다운 영혼의 소유자임에 틀림이 없을 것이라는 생각이 들었다.

그런 사람이란 숲의 훼손을 막고 등산객들의 불편을 덜어주기 위해 살포를 들고 숲길에 배수용 갈개를 파는 선량한 이웃과 동류일 것이다. 이를테면 그런 작은 선행이란 처마에 뭉쳐 떨어지는 물방울이 도랑으로 흘러 개천을 이루고 강물이라는 대승이 되는 것과 같다. 그 강은 본시 작은 물방울들이었으리라. 결국엔 하나로 모여 강이 되어 교역과 여객 항로로 쓰이고, 농업용수를 제공하고 상수도와 수력발전의 수자원이 되니 그것은 매우 가치 있는 소승의 결집인 것이다.

어느 날인가 늦더위가 기승을 부리는 오후에 캐주얼 차림의 한 남자가 그 도서관 옆 돌의자에 앉아 책을 읽고 있었다. 틀림없이 그 미니도서관에서 뽑은 책일 것이었다. 그때 늦더위를 가로막아 드리운 서늘한 그늘 차양이 그 남자를 덮고 있었는데 나는 이번엔 부지불식간에 웃음을 베어 물었다. 그가 미니도서관 앞에 앉아 있는 게 마치 걸리버가 소인 왕국에서 왕궁 앞에 털썩 주저앉아 대화에 열중하고 있는 모습처럼 보였기 때문이다. 그리고 그때 또 가슴이 뭉클했다. 책을 읽는 모습이 너무나 보기 좋았기 때문이다. 비록 거리의 도서관이지만, 그는 아무런 불편을 느끼지 않는 듯 보였다. 어색한 그림에도 불구하고 미니도서관의 독자가 되었다 생각하니 사위가 온통 평화롭고 덩달아 즐거웠다.

집으로 돌아와 서재에 널린 달 지난 수필지며 문예지를 주섬주섬 모아 눈에 띄게 문 쪽 귀퉁이에다 쌓아 놓았다가 외출할 때 들고 나가 그 미니도서관에 비치했다. 그 도서관 문을 열 때 과연 이 책들이 행인들의 시선을 끌어 독자와의 랑데부에 성공할까 의문이었다.

그런데 그런 걱정은 기우였다. 이틀이 지나자 내가 꽂아 놓은 십여 권의 수필지는 전부 사라졌다. 그 책들을 버리려 했던 나의 비생산적 타성이 부끄러웠다. 그리고 새로운 고민이 시작됐다. 혹시라도 어떤 열람자한테서 조롱이나 받지 않을까 싶은 두려움이었다. 토요일 저녁이면 탄천에 등장하는 거리의 악사는 색소폰 연주로 이름도 모르는 청중을 즐거움과 감동의 세계로 데려가는데, 나의 수필 한 편은 단 한 사람의 영혼조차 감동시킬 수 없다면 어찌 저 미니도서관에다 수필지를 꽂아 놓을 것인가 싶었기 때문이다.

그렇더라도 수중에 문예지가 잡힐 때마다 저 도서관에다 기증할 것이다. 그리고 그 앞을 지나다닐 때마다 행여 나의 마음속에 문교(文驕)와 나태의 싹이 돋아 졸작이나 지어내고 있지나 않은지 돌아볼 것이다. 그러고 보니 저 조그만 게 은근히 큰 가르침이라도 주는 것 같다.

봄을 품은 물방울

　초봄, 봄을 잉태한 산은 아직 거칠다. 한색은 채 다 가시지 않고 겨울잠은 깨기를 멈칫거리고 있다. 햇살은 나날이 부드러워지고 따스해지고 있지만 산에 오래 머물지 못하며, 봄비는 겨우내 목말랐던 대지의 해갈하기 바쁘다. 봄을 기다리는 지루함은 굼적거리는데 애옥한 겨우살이에 피폐해진 산은 아무리 싸다녀도 눈에 담아올 풍정 한 자락(茶樂)이 없다.

　다만 나뭇가지마다 살색이 돌기 시작할 즈음 간밤에 비가 내린 아침 산에서만 볼 수 있는 아름다운 풍광이 있다. 아직 연두색 우듬지가 솟기 전이라 나뭇가지들은 마치 졸가리처럼 헐벗은 채 젖어 있는데 거기에 봉곳봉곳한 겨울눈(冬芽)이 반들거리고 가지마다 동살 고인 물방울이 무수히 매달려 있는 것이다. 부활의 눈이 트기 전에 봄 햇살을 머금은 물방울이 먼저 피는 것이다.

햇살이 퍼지면서 무수한 물방울들은 말간 가슴에 박명의 빛을 흠뻑 머금어 보듬어 안는데, 갇힌 새 빛이 마치 포의처럼 보드라운 물방울 껍질을 흔들며 은빛으로 금빛으로 빛나느라 온 산이 반짝인다. 물방울 속 빛은 금빛 은빛으로 섞여 맴돌이하다가 어느 순간에 오색 빛으로 변하는데 그때 모든 물방울은 일제히 오색등으로 내걸린다. 한순간 물안개에 젖은 미풍이 능선에서 계곡을 지나 살랑 가지들을 흔들고 지나간다. 그리고 물방울들이 흔들리며 그 속의 빛살이 흔들리고, 무늬 진 영채(映彩)도 흔들린다. 바야흐로 봄을 잉태한 산이 태중에 무수하게 뻗은 실핏줄 같은 가지마다 생령의 빛을 비추는 것이다.
 동살과 바람과 느개와 물기의 섞임은 가지의 살색을 드러내고 잉부의 체취 같은 싱그러운 봄 내를 은류시킨다. 봄비는 적시듯 줄기 져 내렸는데, 평면체인 빗물이 어떻게 둥근 방울이 되어 가지마다 매달리는 건가. 자드락길을 내려오던 나는 탄성을 베어 물며 그 자리에 붙박여 만산에 가득 걸린 서광 등을 내려다본다. 아, 죽은 듯이 겨울잠을 자고도 저 나무들은 저렇게 햇살 잡힌 물방울을 나눠 먹고 함께 회생하고, 산은 저것들을 안동해 또 여전한 한해살이를 시작한다는 사실이 너무나 아름답고 대견한 것이다.
 나무 이 가지 저 가지에서 스며든 희망적인 전조를 밴 물방울들이 겨울눈을 틔워 우듬지 새순을 돋게 만들며, 바람결에 떨어져서는 낙엽 밑으로 스며들어 찬 땅을 덥히고 생물들을 깨

운다. 진정 봄볕은 개벽의 동천에서 천사의 미소처럼 온 누리에 비추고 물방울에 안겨서 나무와 땅과 생물의 생명수로 역사하는 것이다.

 나는 그렇게 오랫동안 산을 오르고 산을 사랑하여 예찬하며 살았어도 그때까지 물방울만 보았던 것이며, 그 속에 잉태하듯 희망을 품은 물방울을 눈여겨본 적이 없었던 것이다. 서광을 품은 물방울이 잉부와 같고 포란하는 어미 새와 같이 생명을 부화시키는 오묘한 생명수 방울이라 탄성을 지른 게 이제 하산할 나이에 이르러서야 일어났으니, 산에 지천인 철리의 현묘함의 한 자락을 깨닫는데 저리도 오래 걸린 게 다 나의 아둔함 때문이리라.

새끼발가락

거실에 누운 햇볕 한 자락을 깔고 앉아 하얀 맨발을 내려다본다. 무심 속으로 새끼발가락을 향한 눈길에 연민이 묻어난다. 인체의 지체 중에 가장 말단의 졸병인 그건 체신이냐고 고작 검지의 한 마디 크기에다 등까지 살짝 굽은 게 발가락 중에서도 그중 못났다. 거기다 타고난 처지도 기박한 편이라서 인체의 맨 구석진 자리에 붙박여 지내면서 주인이 거동할 때면 마치 가마꾼처럼 몸을 떠받쳐 메고 가야 한다.

새끼손가락과 같은 반열임에도 불구하고 지내는 형편이 쳐지게 사뭇 다르다. 주로 어둡고 밀폐된 공간에서 지내느라 늘 핏기가 없고 윗동네처럼 재미를 쥐어볼 기회 같은 게 없이 산다. 손가락은 밥상에서 비록 심부름을 하면서도 진수성찬을 눈요기라도 하지, 저건 구경은커녕 그 냄새조차 맡을 수 없다. 진종일 어느 누구 하나 알은체하는 법이 없어 늘 외톨이 신세다. 아주 어쩌다 음예한 남의 발가락이 간질이고 들지만, 그 애무도 엄지발가락이 독차지해 괜히 애만 달굴 뿐이다. 저건 하다못해 강아지풀꽃 반지조차 껴보는 낭만을 그저 바라다보기만 한다. 그러므로 행여 저것이 따듯한 해바라기를 하고 부드러운 남실바람을 쐬며 맨발로 맨땅을 걷는 것은 사치스러운 감격이다.

　새끼발가락이 지친 듯 옆자리 발가락에다 구부정하니 기댄 채 얼굴을 묻고 있다. 그런데 이고 있는 갓이 보기 흉하게 찌그러져 있다. 하도 찍어 눌린 탓인지 발톱이 핏기라고는 찾아볼 수 없이 오그라들어 거의 빠질 지경이다. 육신의 혹사가 저토록 모질었던가 새삼 놀란다. 사실 새끼발가락이 얼마나 여리게 생기고 수더분하니 순종적이며 헌신적인가. 한 해가 지나가도록 언제 한 번을 힘들어 못 견디겠다 불퉁가지를 부려 태업을 하나, 앓아눕기를 하나 그저 한결 같이 충직하기만 하지 않은가. 주인이 딸 낳은 산실에 가자면 즐거이 따라가고, 설사 주인이 감옥살이를 가더라도 묵묵히 모시고 간다. 비록 죽음의 강으로 뛰어내릴지라도 그걸 운명으로 알고 따른다.

　그런데 사람들의 발에 대한 대접은 소홀하기 짝이 없고, 더구나 새끼발가락에 대한 관심은 그야말로 밑바닥이다. 무지의 소치가 낳은 인식 착오가 아닐 수 없다. 구석진 자리에서 하찮은 한 지체로 존재하는 게 새끼발가락인 줄 여기지만, 그것이 수행하는 역할의 진가를 제대로 알면 놀라지 않을 수 없을 것이다.

　인체의 기둥이 허리라면 발은 그 뿌리이고 새끼발가락은 이를테면 잔뿌리다. 26개의 뼈와 32개의 근육과 힘줄, 그리고 107개의 인대로 구성된 발은 제2의 심장이라고 한다. 피가 순환하면서 아래로 내려온 피를 심장으로 되돌려 보내는 역할을 하기 때문이다. 해서 발의 일꾼 격인 발가락의 구실이나 존재 가치가 중요한 것이다.

그 중요한 역할의 하나는 인체의 지지(支持) 기능이다. 수백 킬로그램의 역기를 번쩍 들어올리는 팔힘으로도 굽힌 몸을 지탱하여 단 한 시간을 버틸 수 없는데, 새끼발가락이 네 발가락과 연대하여 받치면 거구가 거뜬하게 마라톤코스를 달리고 수백리 길도 걷는다. 제아무리 용맹한 장수나 위대한 영웅호걸이라 할지라도 새끼발가락이 지지해 주지 않으면 바로 설 수조차 없다. 저런 놀라운 힘이 새끼발가락을 뺀 네 발가락만으로는 절대 발휘될 수 없다는 사실이 자못 신비하다. 다시 말해 발가락이 협동하여 내는 놀라운 울력이 새끼발가락의 참여로 가능하다는 게 너무나 신기한 것이다. 그건 이를테면 창조주가 범연함 속에 숨기신 특별한 축복인 것이다. 그런 축복은 민들레꽃의 포자가 일생을 살고 새 생명을 잉태할 자궁을 찾아 바람결에 나르려 할 때, 그 험난한 부활의 도정을 거뜬하게 날 수 있도록 창조주께서 관모(冠毛)의 날개를 달아 주시는 신비한 축복이나 같은 것이다. 어찌 사람, 아니 그 주인 된 자가 그 외양만 가지고 무관심하게 홀대를 할 것인가.

새끼발가락의 다른 한 가지의 역할은 제동(制動) 기능이다. 인체의 기능은 원래 합리적으로 작동하게 창조되었다. 눈에 이물질이 들어가면 눈꺼풀이 떨며 눈물을 흘려 밀어내고, 위의 수용 능력에 넘치게 과식하면 위는 경련을 일으켜 토하며, 장에 유해 물질이 차 부패하면 설사를 일으켜 세척하라는 신호가 울린다.

사람의 걷고 달릴 수 있는 능력의 유익한 완성은 필요할 때 멈출 수 있는 기능의 정상적인 작동으로 이뤄진다. 멈추고 싶을 때나 반드시 멈춰야 할 데서 멈출 수 없다는 것은 상상만으로도 혼란스럽고 비극이다. 그런데 인체 어느 지체를 살펴봐도 그런 제동 역할을 담당하는 것이 눈에 확 띄지 않는다. 한데 그 해결사가 놀랍게도 바로 새끼발가락이다. 선뜻 믿어지지 않을 것이니 우스운 아이러니가 아닐 수 없다.

저 두 가지 역할만으로도 새끼발가락은 손가락 발가락 스무 개 중에서 개별적 가치로 따져 최고다. 물론 저런 가치란 울력을 통해서만 승화돼 신비한 운김을 창조해 낼 수 있다. 그러므로 창조주께서 저런 소중한 사명을 굳이 새끼발가락한테 부여하되 낮고 구석진 데다 두신 뜻은 오묘하다.

세상엔 무수한 손가락, 발가락 같은 사람들이 산다. 그중 새끼발가락은 민초요 일꾼이다. 농사꾼, 노동자, 청소부, 상인, 수리공, 운전수, 소방대원 등은 기둥뿌리의 잔뿌리 같은 존재로서 그들이 최선을 다하는 지지와 제동으로 만들어지는 울력으로 삶이 영위되고 인문이 꽃핀다. 저들의 충직한 사명의 완수와 희생 봉사가 없다면 공동운명체 인간 사회는 제대로 돌아갈 수 없을 것이다. 행여 못나게도 저들을 업신여기고 억눌러 기가 죽지 않도록 조심해야 할 것이다. 그 가치와 헌신을 우리의 눈길이 유심히 살피지 않아 잘 모를 뿐이지 새끼발가락의 건실한 사명의 수행은 말할 수 없이 소중하다. 아주 가끔씩이라도 신발을 벗고 발을 쓰다듬으며 그 숨은 노고와 헌신을 위로하고 격려해야 하는 것이다.

숯내 주말 점묘

한여름 토요일 오후 해가 설핏할 무렵, 숯내에는 꽤 많은 산보객이 나와 유유자적 주말을 즐긴다. 탄천을 따라 걷는 사람, 풀밭에 모여 앉아 맥주를 마시며 이야기를 나누는 사람, 잔디밭 가 나무의자에 앉아 부채질하며 오가는 사람을 구경하는 사람, 땀을 뻘뻘 흘리며 농구하는 청년, 빙글빙글 돌며 롤러스케이트를 타는 초등학생, 서로의 허리에 팔을 감고 속삭이는 남녀, 유모차를 밀며 산보하는 아기 엄마, 무지개다리 위에서 솟구쳤다 배 뒤집기를 하고는 사라지는 물고기를 내려다보며 환성을 지르는 가족, 물줄기를 따라 먹이 사냥터를 바꿔 오가는 백로, 그리고 남녘으로 고향 까마귀처럼 돌아오는 비행기들이 탄천을 가로질러 날아간다.

어느 날 오후 산보 길에서 모형 비행기의 비행 쇼를 구경하게 되었다. 초등학교 시절 학교 운동장에서 형과 함께 모형 비행기를 띄워본 후 처음이었다. 풀밭에 앉아 하늘 높이 이리저리 날아다니고 있는 비행기를 보노라니 모형 비행기에 얽힌 어릴 적 추억이 불과 얼마 전의 추억처럼 달콤하게 떠올랐다.

형이 혼자서 쓰는 방은 어린 내게는 마법의 성과 같았다. 고등학생 신분에 기타를 치고 담배를 피우는 형이 아주 멋져 보였고, 거기 있는 여러 가지 물건들은 하나같이 신기해 보여 심지어 잡동사니조차도 나의 호기심을 불타오르게 했다. 그러므로 형이 모형 비행기를 만드는 일을 좀 거들라며 나를 불러들일 때면 나는 괜히 신명이 났다. 내가 거드는 일이란 게 고작 촛불을 켠다든가 부품들을 꺼내 조립도면 위 해당 그림에다 놓고 시키는 대로 가끔씩 거드는 게 전부였지만 시종 즐겁기만 했으며, 비행기의 형체가 꼴을 갖춰갈수록 가슴 뿌듯한 성취감이 솟구치고는 했다.

그 당시, 날개는 가는 대나무 살을 촛불에 그슬려 휘고 연결해 실로 맨 다음 그 위에다 창호지를 발라 씌워 만들었으며, 동체는 일자 막대기를 사용했다. 프로펠러는 동체 앞 끝에 달았으며, 거기서 뒤꼬리 날개 밑 고리와 탄력이 강한 고무줄을 연결해 동력을 얻었다. 모형 비행기가 날아오르는 것은 간단했으나 신기했다. 나비 모양의 프로펠러를 더는 감기지 않을 때까지 시계 방향으로 돌린 다음 수평 되게 쳐들어 손을 풀어 공중으로 밀어 띄우면, 팽팽하게 감긴 고무줄이 풀리면서 프로펠러를 돌려 앞으로 날아가게 했다.

고무줄이 엔진 역할을 하는 동안 비행기는 곧장 날아갔는데 그게 신기해 종이비행기만 날려본 구경꾼들은 환호하며 박수를 쳤다. 감탄을 자아내는 절정과 비행의 성공 여부는 활강을 얼마나 오랫동안 멋진 곡선을 그으며 마치느냐에 달렸다. 활강이 멋지면 멋질수록 주인인 조종사는 더 존경을 받았다. 줄이 삭아 비행 중에 끊어진다든가, 날개의 수평이 잘 맞지 않아 겨우 수 미터만을 날아간다든가, 내릴 때 모양 사납게 곤두박질을 친다든가 하면 조종사는 물론 조무래기 관중의 실망이 이만저만이 아니었다. 보통 열 번의 비행 중에 한두 번 꼴로 멋진 비행과 활강에 성공했는데, 그럴 때면 실패로 안긴 안타까움 때문인지 관중의 열광이란 대단해서 조종사는 단박에 저들의 영웅이 되었다. 모형 비행기 쇼를 벌이는 날의 피날레가 나는 늘 좋았다. 형을 따라 돌아올 때 부서진 비행기를 들고도 죽 뒤따라오는 친구들에게 자랑스러운 미소를 보내며 은근히 뻐기는 게 너무나 즐겁기 때문이었다.

나의 그러한 회상은 공중을 차오르며 내는 요란한 비행 음에 깨졌다. 생김이 2차 세계대전 당시 활약했던 독일의 메서슈미트나 미국의 무스탕 전투기처럼 생긴 모형 비행기가 한 청년의 원격조종간 조작에 따라 창공을 거침없이 날아다니고 있었다. 쏜살같이 앞으로 내달아 한 점으로 작아졌다가는 관중의 조바심이 고조될 즈음이면 아득한 곳에서 선회해서 장난치듯 반갑게 들이닥치는가 하면, 정반대 방향으로 날아갔다가 되돌아올 때는 배를 뒤집어 타지도 않은 조종사가 저러다 떨어지지나 않을까 관중을 조바심치게 만들기도 했다.

비행 쇼의 백미는 역시 곡예비행이었다. 숯내 물줄기를 따라 저공비행을 할 때면 무성한 갈대숲을 스치듯 날아가거나 냇물을 가로지르는 다리 위아래를 아슬아슬하게 지나 차고 올랐다 기수를 돌려 되돌아오는 묘기를 부렸다. 그럴 때면 관중의 시선은 온통 비행 궤적을 허둥지둥 따라갔다 놓치고는 잠시 지상과 허공을 헤매다가 갑자기 부상하는 추적 물체를 발견하고 무사 귀환을 안도하며 박수를 쳤다. 곡예비행의 절정은 잠시 날아가다가 우주선 로켓처럼 수직 급상승하는 신기였다. 순식간을 넘나들며 치솟는가 하면 내리꽂히고, 직진하다 회전하며 배를 뒤집어 빙글빙글 돌다가는 머리를 곧추 세우고 상승할 때면 자신도 모르게 흥분돼 가슴이 뛰면서 입안에 침이 고이고 탄성을 절로 뱉었다.

비행을 다 끝내자 모형 비행기의 엔진이 꺼지면서 스르륵 내려와 주인으로부터 그리 멀지 않은 풀밭에 착륙했다. 이상하게도 공중을 날아다닐 때는 그렇게도 날렵하면서도 부드러운 비행을 하더니 착륙할 때는 활주를 하지 못해서인지 심통 부리듯이 털버덕하고 소리가 날 정도로 거칠게 앉았다.

다른 사람들처럼 나도 무의식중에 현란한 비행에서 돌아온 조종사가 환하게 웃으며 조종석을 나올 것을 기대하여 착륙 지점에 시선을 고정하고 기다렸다. 그러나 주인이 뚜벅뚜벅 걸어가 몸체를 덥석 집어들 때 모든 환상은 일시에 사라졌다. 나도 모르게 석양에 떠오르는 모형 비행기를 고향 까마귀가 되어 따라갔었나 보다.

다른 이들도 돌아가며 하늘을 올려다본다. 소년들 몇이서 양팔을 수직으로 벌려 날개를 만들고 비행기 소리를 내며 강아지풀꽃과 엉겅퀴꽃이 빼곡하게 핀 풀밭을 뛰어간다. 그 아이들 가슴 속에 비행사의 꿈이 꽃비가 되어 내리고 있었을 것이다. 그리고 그들 뒤로 학발 노인이 지팡이를 짚으며 걸어갔다. 그의 시선은 먼 허공에로 떴다. 거긴 여행에서 돌아오는 비행기들이 지나가는 길이었다. 그 인생은 모형 비행기도 띄웠으며 어쩌면 비행기를 조종했을지도 몰라 결코 핫바지의 인생이 아니었을 텐데도 핫바지처럼 허허롭게 걸어갔다. 무사유의 선(善)만이 가만히 뒤따라갔다.

나도 돌아가는 일행에 섞여 걸어갔다. 옛날보다 훨씬 더 멋져 보이고 힘세며 기교가 뛰어난 모형 비행기의 묘기 비행을 편안한 풀밭에 앉아서 재미있게 관람하고 났는데도 내 시선은 감탄 너머 허공으로 부질없이 자꾸 옛 모형 비행기 띄우던 때의 달콤한 회상을 쫓아갔다.

아버지의 빈 지갑

아버지의 빛나는 세월이 흘러가고 늘그막으로 밀릴 때 함께 따라 여위는 게 있다. 아버지의 지갑이다. 그가 건장한 밥벌이꾼이었을 때 그렇게도 두툼했던 지갑이 시나브로 홀쭉해진 것을 발견하는 건 내색도 할 수 없는 슬픈 일이다. 젊어서 그 지갑을 채우려고 아무리 고달프고 눈물 젖은 빵을 먹어도 슬프지는 않았었다.

아버지의 지갑은 일생이 점철된 영고성쇠의 증거물이다. 원래 그 지갑에는 오랫동안 사랑과 보람, 열정과 책임감 같은 자산과 함께 재산이 가득 찼었다. 그게 호기롭게 열릴 때마다 아버지는 삶의 신고(辛苦)를 보람으로 툭탁칠 수 있었고 살맛이 새로워지고는 했었다. 그걸 주저하거나 아까워하며 열지 않았으며, 그것의 주인이라는 자긍심이 늘 그를 고무시켰다. 그것을 열 때 그것을 쥔 엄지는 멋진 남자의 징표였다. 그때 그는 가슴

뿌듯해했는데 그것은 한없는 신뢰에 나부끼는 평화의 깃발이었으며, 가슴속으로 샘솟는 자긍심이었다.

그러나 어느새 도달한 육십 번 역두에서 드디어 황혼 열차에 오를 때 홀쭉하게 가벼워진 지갑을 발견하고는 새삼 가슴에 허망한 슬픔이 고였다. 그건 더이상 호기롭고 기꺼이 열릴 수 없게 되었고, 그걸 향해 내민 귀여운 도둑 손들을 더는 볼 수 없음을 의미했다. 그건 이제 마치 거지 주머니처럼 가족의 눈길조차 거둬 가버린 퇴물 주머니 세간으로 전락해 버린 것이다. 궁기가 잔뜩 끼고 여윈 그것은 마음 놓고 친구한테 점심조차 살 수 없을 만큼 무력해졌다. 가족들의 실망하는 얼굴이 두려워 주머니 속에 웅크리고 있을 뿐 밖으로 나가려 하지 않았다.

세상에 할 수 없는 것을 엿보이지 않으려고 애써 숨기는 것은 슬픈 일이다. 그것도 해주고 싶은 사람에게 해줄 수 없는데도 빈 지갑이 여전히 두툼한 것처럼 숨기는 가식은 더 슬프다. 그리고 그 빈 지갑을 자식 어느 누구도 눈여겨 봐주지 않는다는 사실이 더더욱 슬프다.

이상하게도 자식들은 아버지의 늙은 지갑이 비어 있으리라는 상상을 잘 하지 않는다. 그들은 과거에 그것을 알라딘의 만능 램프처럼 여겼었다. 자신이 원할 때 아버지가 가장 행복하게 듣는 '자식의 주문(呪文)'을 하면 램프의 신이 타고 나는 마법의 융단처럼 지폐가 줄지어 나와 자식의 긍지를 태우고 원하는 곳으로 데려갔었다.

아버지의 지갑이 비었음을 눈여겨볼 줄 모르는 자식은 그 지갑을 채워 줄 수가 없다. 더욱이나 빈 지갑을 숨기듯 사는 아버지의 구겨진 자존심이 흘리는 슬픔을 맛볼 수가 없다. 그게 윤기와 탄력을 잃고 늙어 허망하게 비도록 그것을 빠져나간 아버지의 자산이 자식들에게 건너가 피가 되고 살이 되었으며, 꿈이 되고 힘이 되었다는 사실이 빈 지갑 속에 버려지듯 있을 게 아니라 하다못해 자식들 가슴에 연민의 불로라도 살아 올라야 하는 것인데, 무심한 시선에 주눅이 들어 마냥 처박혀 있기만 하는 것이다.

그 빈 지갑은 한숨이 얼룩진 슬픔을 뚝뚝 흘리며 그저 주인 따라 종착역을 향해 갈 뿐이다. 그건 다시는 되돌아가 바쁜 일과에 아버지의 수석 수행비서처럼 뛰어다닐 수 없을 것임을 곱씹으며 마냥 슬프다. 만약에 자식 어느 누군가가 아버지의 지갑을 열어보고 비어 있다는 사실에 목이 메어 아버지 모르게 용돈을 넣어 놓았다면 그것을 발견할 때 아버지는 역시 슬프지만, 그렁그렁 젖은 눈은 기쁨에 겨워 웃을 것이다.

세상의 자식들이여, 그대들이 아버지가 지갑을 열며 행복해 하던 모습을 떠올리며 그때 감사의 염의 십 분지 일이라도 효심으로 아버지 빈 지갑에다 채워드리면 아버지의 초췌한 지갑은 아마도 세상에 가장 행복한 듯 신명 날 것이다.

여름 수제빗국

고향이 추억의 본향이듯이 맛의 그것은 어머니일 것이다. 난 어머니가 그리울 때면 여름날 먹던 수제빗국과 푸쟁하시던 모습이 생각난다. 수제빗국의 계절 궁합이라면 여름일 것이다. 뜨거운 음식인데도 더운 여름철에 어울린다고 하는 게 선뜻 수긍이 가지 않을지 모른다.

사실 수제빗국이라는 음식은 음식 반열에 있어 그 정체성이 좀 애매하다. 쌀밥처럼 버젓이 반상(飯床)에 올리는 정식이 아니면서 옹골지게 끼닛거리 구실을 한다. 그 용도가 퓨전이라 밥이 아니면서 밥인가 하면, 밥을 말면 맛난 국이 되고 여름 찬밥에는 찬처럼 탕으로도 먹을 수 있는, 이를테면 두루치기 음식이기 때문이다.

수제빗국은 그 구성의 평범함과 조리의 단순함이 뛰어나다. 쓰이는 식재냐고 밀가루와 물과 소금이 전부이고, 더 곁들인다

해도 감자나 애호박이 고작에다 양념으로는 멸치를 우려낸 육수와 마늘이면 충분하다. 조리 역시도 아주 간단해서 수제비 반죽하는 일이 가장 큰 일일 뿐이다. 쌀밥처럼 치대어 씻고, 물을 맞춰 붓고, 센 불 약한 불로 번갈아 끓여서 뜸까지 들여야 하는 복잡한 수고가 불필요하다. 때문에 고슬고슬하다느니 질어 터졌다느니 뼈가 안 물러 고두밥이 되었다느니 지은 밥을 두고 평을 하는 밥 짓는 솜씨 같은 기술이 수제빗국 끓이는 데 있어서는 타박받을 이유가 없다. 그건 또 부엌에서 궁할 때 아무나 가장 손쉽게 지어낼 수 있는 땟거리이기도 하다.

갖은 식재를 쓰고 양념을 해서 복잡한 조리 과정을 거치지 않아도 수제빗국에서 영원히 그리운 어머니 손맛 같은 오묘한 맛이 나는 것은 신통한 맛의 조화다. 나의 탐미(耽味) 경험으로는 우리네 음식 가운데 식재의 평범함에 비해 저것처럼 변함없이 당기는 맛을 내는 것이 달리 없다. 온갖 맛난 음식이 지천인 요즈음에도 저것이 맛있는 별식으로 여전히 애용되고 있는 게 그 반증이라 할 수 있다. 거기에다 수제빗국이 담기고 놓이는 자리를 보면 여러 가지가 별나다. 그게 아무리 용을 써도 버젓한 반상기엔 담기지 못하지만, 대신에 뚜껑이 덮여 아랫목에 묻힌 채 하염없이 주인을 기다리다 찬밥으로 쉬어 버려지는 법이란 없다.

그건 보통 허기진 시장기가 바로 코를 박고 먹을 수 있는 수더분한 사발에 담긴다. 수제비 그릇이란 늘 측은해하는 인정으로 떠 담는 것이어서 마치 아기가 아무런 구애 없이 덥석 물고 빨 수 있는 어머니 젖처럼 언제나 스스럼이 없다. 그건 정식 밥상보다는 두리반에 올리거나 맨바닥에 놓이는 게 예사에다 비록 그 자리가 궁핍함으로 인해 때로 애처롭지만, 거긴 늘 마음 편하고 임의로우며 살가운 유대가 끈끈하다.

여름 수제빗국이 제철 음식이라 할 만한 이유가 뭘까 생각해 본다. 혹시 햇감자 때문이지 않을까 싶다. 수제빗국의 진미를 좌우하는 데는 햇감자의 역할이 크다. 감자가 수제비와 어우러져 내는 일미란 게 다분히 여섯 번째의 맛인 우아미라는 사실은 불가사의하기까지 하다. 그 깊은 맛으로 인해 수제비의 덤덤한 맛이 감추어지고 어우러져 맛난 담박함으로 조화되기 때문이다.

부드럽고 담백하면서도 은근히 깊은 맛에 쫄깃한 수제비의 씹히는 감은 따끈하게 먹을 경우 이외로 개운한 식감을 준다. 초계탕처럼 달달하고 신 양념 맛이 닭비린내를 툭탁치는 대신 초계탕의 진미를 죽인다든가, 해물찜 요리가 얼얼한 매운맛 때문에 해물찜 본디의 맛을 느낄 수가 없게 만든다든지 하는 맛의 무질서한 융합이란 수제빗국에 없다. 그것에는 강렬한 맛의 거친 지배 대신에 자연스러운 맛의 조화가 만들어내는 언제나 친근한 맛이 있다.

그러나 왠지 이상하게도 저런 설명만으로는 수제빗국이 여름과 궁합이 잘 맞는다는 게 성에 차지 않는다. 해서 그 해답의 실마리라도 찾을 수 있을까 싶어 추억의 모퉁이를 서성거려 본다. 그리고 한 추억의 장면에서 그 실마리가 잡힌다. 그건 가난했던 시절 긴긴 한여름의 점심상이었고 진종일 동동걸음치는 가사에 지친 어머니의 푸쟁에 있었다.

집집마다 두억시니 같은 보릿고개가 눌어붙었던 시절, 쫄쫄이 굶기 예사인 긴긴 여름 해를 그나마 수제빗국으로 점심을 때울 수 있다는 것은 다행이었다. 이를테면 그건 지겨운 아귀로부터 가난한 밥상을 지켜주는 수호천사 같은 존재였다. 그런데 여름과 수제빗국의 맥락에 종종 따라다니는 게 있었다. 어머니의 푸쟁이었다.

한여름 점심을 수제빗국으로 때운 날, 종종 어머니는 매미가 극성맞게 울어대는 오후에 대청마루에서 푸쟁을 하셨다. 주섬주섬 안아다 배겨 놓은 다림질거리란 다림질 중에서도 제일 까다롭고 힘든 아버지의 모시 옷가지들이었다.

돌이라도 너끈히 삭일 만큼 먹새 좋은 자식들 입에다 멀건 수제빗국을 먹인 게 속상해 울혈 진 가슴에서 열불이라도 토해내는 것처럼 어머니는 개상질하듯 땀을 뻘뻘 흘리며 다림질을 하셨다.

여름철 푸쟁이란 게 수제빗국 먹고서는 서너 시간씩 계속하기 힘든 노역이었다. 풀기가 알맞게 배어 불땀이 잘 먹힐 만큼 눅눅해졌다 싶으면 뚜껑이 없는 다리미에다 숯불을 담아다 푸쟁을 시작하는데 다리미 불땀이 시종 알맞아야 하므로 숯불 관리도 만만치 않았다. 사위어 약해진 불땀을 키우기 위해 수시로 부채질을 해야 하고 숯불을 갈아야 했다. 혹시라도 불꽃이 튄다든가 숯불 조각이 옷에 떨어져 구멍이라도 낸다면 그야말로 만사휴의이므로 다림질 내내 긴장할 수밖에 없었다. 때로는 물기가 덜 밴 데다가는 입에다 물을 품고 푸푸 뿜기도 했다.

어머니는 푸쟁을 할 때 가정부나 나를 거들도록 시켰는데, 그때야말로 진짜 푸쟁이 벌어졌다. 다리미가 미칠 거리로 물러앉아 천의 두 귀를 잡게 한 다음 어머니는 나머지 두 귀의 하나를 왼손으로 쥐고 나머지 바른쪽 귀를 엄지발가락과 둘째 발가락으로 깍지를 끼어 잡고서는 바른손으로 다림질을 하셨다. 그때 어린 눈은 신기한 다림질과 함께 어머니 이마에 송골송골 맺힌 땀이 벌겋게 상기된 얼굴 위로 흘러내리는 것을 보면서 점심상에서 자식들에게 당신의 수제빗국을 덜어주셨다는 사실을 떠올렸다.

그리고 어머니가 수제빗국 한 그릇조차도 제대로 비우지 못한 날 땀 흘려 푸쟁이한 모시옷을 떡 차려입고 나들이 가는 아버지를 보거나, 학교에서 돌아왔을 때 후줄근히 풀이 죽어 구겨진 채 빨랫감 바구니에 처박혀 있는 꼴을 목격할 때면 괜히 아버지의 모시옷이 밉고 어머니의 푸쟁이 속상했다. 내게 있어 여름 수제빗국은 단순한 별식이 아니라 추억의 장면에서 좀처럼 지워지지 않는 사연 깊은 음식이다.

그래서일까, 나는 여름철만 되면 불현듯 어머니가 그리워지면서 하지감자와 애호박 넣고 멸치 다시 우린 물에 끓인 수제비가 먹고 싶어지고는 한다.

3부

어머니와 낙지발

여심과 알심

  알심이 은근히 동정하는 마음이라면 그건 여자 마음속에 더 많이 들어있다. 노인만 보면 부모 생각이 나 울먹이는 여심은 알심이 알차기 때문이다. 그런 알심은 한없이 약해 보이지만, 실인즉 겉으로 나타내지 않을 뿐 야무진 힘이다. 알속이 있다 함은 헛것을 털어버리고 남은 실속으로 알찬 실속이다.
  여자가 정에 약하고 정서적임에도 실속을 잘 차리는 남자를 신뢰함은 현실적이기 때문이다. 그런데 역설적이게도 여자는 남자의 그럴듯한 허세에 잘 넘어간다. 이성적인 판단력이 부족하기 때문이다. 그런 판단력이란 겉으로 나타나지 않는 야무진 힘으로 보기에는 약하나 알심이 있어 강한 것이다. 우리 어머니들이 그러하다. 여자란 한없이 약한 듯하나 실은 강한가 하면, 한없이 강한 듯하나 마음이 약해서 여자의 마음을 갈대와 같다고 하는지 모른다.

알심의 다른 의미인 야무진 힘으로 봐서 실속과 알심에 반대되는 게 거지 주머니(겉으로 보기에는 실한 콩깍지가 실제는 속 알맹이가 말라 쓸모가 없는 것)다. 그 속에는 허영, 허세, 망상 따위가 들어있다. 알심이 튼튼한 여자는 자식을 구하려고 불속으로 뛰어들 만큼 초인적인 용기를 지녔지만, 알심이 부족한 여자는 거지 주머니를 주렁주렁 달고는 부끄러운 줄도 모르고 휘젓고 다닌다.

알심에 띠앗 같은 존재가 있는데 진심, 항심, 성심, 단심 같은 마음이다. 그런 것들이 마음을 채우고 있으면 여자만이 보일 수 있는 여성스러운 아름다움이 향기 나듯 풍긴다. 요새 세상에는 입을 흉하게 아무 데서나 쩍 벌리고 소리 높여 깔깔대며 웃는 여자들만 보일 뿐 비밀스러운 속내를 애써 갈무리하느라 조심하는 미소는 보기 어렵다. 그런 홍소(哄笑)와 미소의 차이란 소리 울림의 차이가 아니라 감동이라는 느낌의 차이로 일테면 연인을 만나러 궁으로 들어가려는 사람이 이불자락을 와락 잡아제치는 거친 행동과 같다. 그런 유의 거친 태도의 변화는 그 거침에 문제가 있는 게 아니라 그 빠른 번짐에 있다.

그런 유의 경망스러운 후림불(유행 바람에 휩쓸림)에 덩달아 따르는 풍조가 문제다. 사회적 가치를 가늠할 수는 없으나 얼마 전만 해도 온 나라를 쿵짝 멜로디로 들썩거리게 만든 트로트 열풍이 그러했었다. 시청률이 천정부지로 뛰었다는 소식에 샘이 난 방송사마다 다투듯 노래자랑 프로를 만들어 방영했다. 가수로 출세하려고 십 년, 이십 년을 일구월심 나그네 가수로 행사장을 전전한 무명가수들이 다 무대로 몰려와 눈물 콧물 흘려가며 노래를 불렀다. 그런 무명가수가 무려 기천 명이나 된다니 저들을 후린 후림불이 두렵다. 하느님이 저들한테 주신 달란트(재능)가 얼마나 크고 의미심장한데 저 잘난 청춘들이 찾아 헤매는 꿈이란 무엇인가. 청춘이 저 도전해야 할 바다를 외면하고 화려한 어항 속에 스스로 갇힘은 가슴 아픈 부지하세월이다. 그러는 게 다 그 시작인즉슨 실속 알심 부족에 기인한다.

우리나라는 머리 좋기로 세계에서 2위일 정도로 IQ가 높다. 그런 데다가 알심 또한 높다. 그런 국민적 자산을 소유한 젊은 싹수가 트로트가수 선발대회 예선 심사에 무려 만 기천 명이 몰려왔다니 그 우수한 지능 가지고 가수가 되려는 열기가 왠지 불안하다. 실속 있는 알심이 꽉 찬 자궁이 거지 주머니 후림불에 휘둘리지 않고 건재해야 함은 저들이 장차 우수한 지능을 지닌 싹수를 낳아 기를 것이기 때문이다.

살포를 든 남자

 세상에는 벼와 함께 피나 가라지가 공존한다지만, 더불어 이웃해 살기가 역겹고 피곤한 사람들이 있다. 그런 이웃들과의 갈등과 미움이 우리를 실망시키고 슬프게 한다. 그러나 논에는 피보다 벼가 훨씬 더 많고, 어느 이웃인가는 조용히 사금파리를 줍고 사과나무를 심으며 장례미사에 참석해 고인의 명복을 빈다. 나의 시야에 들지는 않으나 선한 이웃, 따듯한 이웃이 어디에선가 건강하게 살고 있는 것이다.
 여름에 비가 잦을 때면 산길에 여기저기 빗물이 고이는 데가 생긴다. 고인 물이 빠지지 않고 며칠 지나면 밟혀 질척거리게 되고, 사람들은 그걸 피해 걷느라 숲길 가 풀숲으로 우회한다. 산에는 그렇게 고인 물웅덩이를 피해 다니느라 일부러 에둘러 낸 숲길이 적잖게 있다. 그게 종국에는 숲을 망치고 산을 망친다는 사실에 사람들은 무관심하다. 질척거리는 길을 피한다는 이유만으로 무심히 낸 우회 길은 묘하게도 대부분이 얼마 후에는 늘 다니던 길처럼 보인다.

　어떤 경우에는 그런 숲길이 더 편하고 걷기 좋기도 하다. 그런데 저런 우회 길이 다니던 길처럼 되면서 뒤따르는 부작용이 생긴다. 원래의 길과 새로 생긴 우회 길 사이에 숲이 조각나 섬이 생기는 것이다. 어떤 경우는 그 에둘러 가는 길이 길고 통행이 잦아서 마치 굴러들어온 돌이 박힌 돌을 빼버리듯이 자연스럽게 원래 길 행세를 하게 된다. 그런 현상이 숲을 훼손하기 시작한다. 그 많은 등산객의 새 길로의 걸음이 숲을 짓밟는 유린이 되어버리는 것이다. 그러구러 한두 해를 지나면 발자국으로 다져지지 못하는 옛길은 비만 내리면 배수가 안 된 채 빗물이 고여 등산객들을 새 길로 밀어내고 생과부처럼 버려진다. 그리고 새 길 사이에 고립된 숲은 시나브로 뿌리가 드러나고 끊임없이 밟혀 풀숲이 먼저 메말라 죽고 나무가 껑충하니 고립돼 각궁반장의 형국으로 변모한다. 어느 경우는 그 섬이 종내 생물이 다 죽어 사라지고 맨땅으로 변해 꼬부장하니 나붓하던 숲길이 멋대가리 없이 신작로처럼 되어버리기도 한다. 그런 길을 갈라치면 십 년 넘은 단골한테는 옛 숲길이 마냥 그립게 만든다.

　어느 여름날이었다. 며칠간이나 계속된 비가 그치자 출발선에 대기하고 있는 경주자처럼 하늘이 벗겨지기를 고대하고 있던 나는 아침 일찍 산행에 나섰다. 두어 시간 산행을 마치고 하산하는 길에서 여기저기에 낸 갈개를 보았다. 누군가 마음씨 좋은 동네 아저씨처럼 숲길로 넘친 빗물이 숲으로 빠지고 길 웅덩이져 고인 물이 길 밖으로 흘러내리도록 물꼬를 트느라 얕게 도랑을 파서 갈개를 만든 것이다.

여러 군데에 갈개를 파려면 그런 작업을 할 만한 도구가 있어야 할 것인데 산에 그런 게 있을 턱이 없으므로 그 마음씨 고운 아저씨는 틀림없이 작정하고 도구를 챙겨 산을 올랐을 것이었다. 그 자상한 정성이 고맙고 대견해 갈개 주위를 살피다가 의문의 그 작업 도구를 발견했다.

그건 끈에 꿰여 숲길 가 나무에 매달려 있었는데 실로 오랜만에 보는 살포였다. 그건 여느 땅 파는 큰 삽보다는 작고, 부엌에서 쓰는 부삽보다는 조금 큰 네모진 삽이다. 보통 논의 물꼬를 트거나 막거나 할 때 쓰는 것인데, 산길에 갈개를 내는데 안성맞춤인 걸 그때 처음 알았다.

잠깐 상상을 해보시라. 본격적인 흙일을 할 때 쓰는 큰 삽을 들고 오른다면 그 그림은 좀 어색할 것이다. 그렇다고 들기 쉬운 부삽이나 아궁이나 들락거릴 화삽을 든다면 그 모습이 마치 파리채를 들고 나선 것처럼 우스꽝스러워 보일 것이다. 살포라면 그리 어색해 보이지도 않을 것이고 지참하기도 편할뿐더러 작업성도 뛰어나 갈개를 파는데 적합한 것이다. 그 살포 주인의 지혜가 만만치 않다는 사실이 괜히 즐겁다.

더구나 살포를 등산객들 눈에 잘 띄도록 길가에 걸어놓은 소이가 짧은 짐작만으로도 어찌나 멋지고 지혜로운지 하산 내내 나의 산행 이웃에 저런 선심에 꾀주머니까지 지닌 이가 있다는 사실이 즐거워 저 사마리아인 같은 사람에게 축복이 있기를 빌었다.

어머니와 낙지발

팔 남매의 어머니는 일 년 열두 달 평생을 고달프게 살았다. 가지 많은 나무 바람 잘 날이 없다고 탈도 많았다. 올망졸망한 자식들은 아옹다옹 싸우고 번갈아 깨지며 쉴 새 없이 탈이 나도, 돌멩이도 삭인다는 먹성으로 거뜬거뜬하게 이겨내고 하루가 다르게 콩나물 자라듯 무럭무럭 자라는 게 즐겁기만 한 어머니는 늙어 허리가 굽었다.

칠순을 맞아 어머니가 받은 축하 상차림에는 그 지방 특산물인 낙지 요리가 고르게 올랐다. 탱글탱글한 생선회에 회무침, 연포탕이 푸짐했다. 참기름 소금장에 찍은 낙지회를 입속으로 넣으려던 어머니가 잠시 손을 멈추고 가만히 내려다보았다. 뭔가 뜨거운 감회가 차오르는 듯 보였다. 딸이 왜 그러느냐고 물었다. "이거 씹힐라나 모르겠다 걱정이다. 그냥 넘기면 속에 들어가 빨판을 붙이고 되살아나는 거 아니냐"고 겁을 내신다. "생전 낙지회를 먹어본 적이 없는 것처럼 말하시네." 엄마 하는 말에 둘러앉은 자식들이 웃으며 한마디씩 한다. "산낙지를 먹어본 적이 있어야지" 하는 어머니 대꾸에 방안 시선 전부가 어머니한테로 모였다. "엄마! 설마 낙지를 먹어본 적이 없다는 건 아니지요?" "그런 걸 왜 거짓으로 말하겠니. 정말로 산낙지는 회로 먹는 거 처음이야." 자식들은 뜨악한 표정으로 엄마 손으로 술상에 올린 산낙지를 손질한 게 얼만데 그러시느냐고 못 믿는다. 어머니가 쓸쓸한 표정으로 말했다. "입은 보통 열인데 낙지발은 여덟이잖니, 내 입에 들어올 게 어디 있었게…."

어머니인들 낙지회에 청주 한잔 술상의 조촐한 묘미를 모르지 않았던 게다. 자식 여덟이 어머니 맘을 헤아리지 못함은 낙지발이 모자라 어머니 차례까지 갈 수 없었다는 사실을 눈여겨본 적이 없었기 때문이다. 자식이란 그렇게 어머니 몫의 낙지발까지 먹어치우고 자라는 것이다.

논갈이가 끝나고 물을 채워 모내기 준비가 될 즈음이면 겉보기에 튼실하게 생긴 우렁이[土螺]가 여기저기 둥실둥실 떠다닌다. 아니 가만히 지켜보면 물결에 밀려 떠도는 것이다. 논우렁이가 본시 제 논두렁도 넘지 못할 정도로 주변머리가 없어 쟁기질에 떠밀려 수면 위로 올라와 결국 황새에게 잡아먹히는 것이다. 악동들은 그런 논우렁이가 속이 빈 껍질이라는 걸 잘 안다. 이미 속아봤기 때문이다. 그러나 황새는 억울하다. 논갈이 때 쟁기에 떠밀려 나타나는 우렁이를 기다린 건 사실이지만, 실제로 먹어본 적은 없다. 그렇다면 우렁이 속은 왜 비었을까. 그 의문 때문에 악동들은 농부를 우렁이를 잡아 구워 먹은 장본인으로 지목해 황새로 착각한 양 위장하여 김매는 농부에게 돌팔매질을 하는 것이다. 해서 우렁이 속사정을 모르는 농부와 악동들은 괜히 척을 지고 황새는 그 서슬에 근접도 못 한다.

저들은 다 같이 우렁이 속을 모른다. 우렁이가 새끼를 품으면 그건 곧 죽음을 의미했다. 모체와 모양이 똑같은 새끼우렁이의 육아방이 깔때기 모양의 우렁이 맨 밑에 있어 새끼들이 어미의 살을 먹고 자라야 밖으로 나올 수 있다. 그러므로 성장이 끝나고 밖으로 나올 때가 되면 이미 다 파먹힌 어미는 빈껍데기가 되어 물 위를 떠다니게 된다. 어미의 눈물겨운 희생으로 새 생명이 태어나는 것이다.

어떤 생명체든 어미는 새끼를 위해 희생적이다. 사자나 치타 같은 맹수도 새끼를 낳으면 그게 자립할 때까지 수시로 새끼의 은신처를 옮긴다. 지척에 우글거리는 맹수들을 경계해서다. 인간이든 동물이은 자식, 새끼를 위해서라면 희생을 기꺼이 감수한다. 위대한 모정의 발로다.

등목

 누구나 추억의 방에 걸어 놓은 그림 중에는 등목을 담은 게 있을 것이다. 무더운 여름날 땀투성이로 돌아온 아들이 훌훌 웃통을 벗어 마루에다 휙 던지고 맨발로 우물가로 걸어가서는 엉덩이를 높이 치켜올리고 두 손으로 바닥을 짚고 엎드리면, 어머니는 행주치마를 잡도리하듯 고쳐 매면서 다가선다. 두레박을 우물 속으로 던져 넣는데 눈은 벌써 등짝을 더듬고 입가에는 미소가 걸린다. 이윽고 샘물이 반쯤 찬 두레박을 말아 올려 등짝께로 가져간다. 물이 방울져 후드득 등짝에 떨어진다. 그 순간 살갗이 온통 간지럼을 타기 시작한다.
 백두대간을 남으로 종주하여 가듯 물줄기가 경사진 등줄기를 타고 쏟아져 내려가면서 양편으로 흘리기 시작하면 넘치는 물을 푸푸 뱉으며 입에선 시원해 죽겠다는 유쾌한 엄살이 연방 터져 나온다. 어머니는 두서너 차례 두레질을 더 해다 등짝에

붓는데, 헉헉 냉기에 질려 내는 소리의 강약에 맞춰 쏟는 수량을 조절한다. 물론 어머니의 즐거워하는 표정도 따라 바뀐다. 두레박을 내려놓은 어머니의 손이 등짝에다 비누칠을 하고는 문지른다. 아들은 보조를 맞추듯 한 손씩 번갈아 떼서는 흘러내린 비눗물로 가슴팍을 문지른다.

어느 때는 철썩 등짝을 얻어맞는 채근을 당하기도 한다. 어느새 이렇게도 훌쩍 커버렸나 싶한 등짝이 대견한 어머니는 엄살을 떤다고 등짝을 철썩 때리고, 골고루 문지르라 채근하여 또 철썩 때리기도 한다. 그럴 때 모자는 그저 즐겁다. 어느 화가가 저런 정겨운 광경을 화폭에 담았더라면 아마 한 폭의 명화가 되었을 것이다.

등목에서 맛보는 낭만은 마무리 씻김에 철철 묻어난다. 한 손으로 물을 흘리며 다른 한 손으로 비누기를 천천히 닦아내는 손길은 한없이 부드럽고 감미로워서 가슴속으로 결코 묘사할 수 없는 감동을 은류시킨다. 아들은 그때 먼 훗날에도 생생하게 떠올리게 되는 천지 간에 유일한 기쁨을 가슴에 담는 것이다.

등목은 고향을 추억할 때 누구에게나 즐겁게 끼어드는 추억거리다. 우리 고향에서는 그걸 예사 입말로 '등멱'이라고 했다. 지금까지도 고향 이야기를 할 때 저 사투리가 더 입에 다정하고 임의로운 건 아마도 똑같은 까마귀를 굳이 고향 까마귀로 보는 시각과 같은 맥락일 것이다.

실인즉슨 가정에 목욕 시설이 없었던 시절, 여름에 집에서 찬

물 목욕을 하기 위해 강구된 아주 간편한 생활 방편에 불과하지만, 이상하게도 그것에는 음예하지 않은 에로스나 유쾌한 단란함이나 푸근한 자정이 고루 섞인 소박한 재미가 보석처럼 박혀 있었다. 아내나 애인한테 등목을 받을 때 부드러운 손길이 등짝을 스르르 미끄러지듯이 쓸고 지나가며 흘리는 에로스의 편린들은 마치 비단 폭 위에다 보석을 주르르 쏟을 때 즐거운 것처럼 달리 맛보기 힘든 쾌미(快味)다. 그 유쾌한 자극의 알갱이들은 장난치듯 감각의 촉수를 환혹시켜 가슴에다 에로스의 윤슬을 반짝이게 하는데, 등목이란 그토록 달콤한 정감을 꽃피운다는 것이 사뭇 신통한 것이다.

  등목의 백미는 아마도 단란함에 있을 것이다. 그것에는 목욕탕에서 가족 간에 등 때밀이를 해주는 정겨움과는 다른 즐거움이 더 있다. 어머니가 아들뿐만 아니라 아버지까지 등목을 해줄 수 있을 뿐만 아니라 며느리가 조심스러운 시아버지나 시동생의 등목까지 해줄 수 있으므로 이를테면 단란함의 두루치기인 셈이다. 더구나 부자나 아들들을 나란히 엎드리게 하고는 등목을 시킬 양이면 그 어디서도 볼 수 없는 흐뭇한 웃음과 유쾌한 엄살떠는 소리가 온 집안에 왜자해 그 단란함이 잘도 담장을 넘어 나간다. 아무리 힘든 하학길을 땀범벅이 돼 돌아왔어도 어머니의 손길에 등목이라도 하고 나면 지친 몸이 가뿐해짐은 물론 저조했던 마음까지도 상쾌해진다. 어머니의 젖을 떼고 어머니의 무릎으로부터 떨어져 자고 멀리 기어가고 걸어가기 시작한 이래로 어머니의 자정이 손길을 통해 건너오는 기회는 거의 없었다. 등목은 이를테면 그런 어머니 손길을 되돌려 보듬어 안는 것이다.

이제는 등목하는 재미란 누리는 건 고사하고 어디 엿볼 데조차도, 없다. 이렇게 시대의 흐름이 남편이나 자식한테 등목 한 번을 시켜주지 못하도록 변한 것이 못내 아쉽다.

가래에 핀 꽃

훈련을 마치고 대구로 배치 받아 열차 편으로 임지로 가던 날이었다. 나는 한 번도 가본 적이 없고 아는 이가 없는 도시로 실려 간다는 사실과 아무리 군인 신분이지만 수중 무일푼이라는 사실이 불안했다.

가는 도중 집에 배치 사실도 알리고 동시에 용돈도 마련할 궁리를 했는데 통과역이 있는 대전에서 사업하시는 친구 아버님이 생각났다. 그분이 나의 길동무인 그 가래의 원주인이었다. 어떤 사연이 얽혔나 모르지만, 그분이 그것을 아버지에게 주신 것이다. 아버지는 내가 입대하기 전날, 당신이 평소 애지중지 하시던 그 가래를 내게 건네시며 마스코트 삼아 지니고 가라 하셨다. 이름조차 귀에 선 물건을 수호신처럼 여기라는 당부는 가난한 아버지가 자식에게 비상금 한 푼을 주지 못하는 아픔이 이행대상으로 잡은 부정(父情)이었다.

출발역에서 인솔 책임자에게 사정해서 그분 사무실로 전화를 걸었다. 그러나 통화에 실패하고 대신 여비서에게 내가 대전역에 잠시 머물 시각을 남겼다. 열차가 대전역에 도착하자마자 나는 승강장으로 나가 인파를 헤집고 다니며 친구 아버님의 모습을 찾았다. 그분은 출발시간이 다 되도록 애간장을 태우다 나타나셨는데 어지간히도 조급하게 달려오셨던지 숨이 턱에 차 있었다. 내게 용돈을 내밀며 몇 마디 격려의 말씀을 하셨는데, 난 그 가래를 꺼내 그분 앞으로 손바닥을 펴 보이며 "이게 제 수호신입니다!" 하고 말했다. 그분은 인자한 미소를 지으며 어서 승차하라고 손짓만 하셨다.

그분은 애석하게도 단명하셨는데 난 그분한테 받은 은혜를 미충(微忠)으로라도 갚지 못한 것을 늘 아쉬워했다. 그것은 나 자신에게 한 약속을 지키지 못했다는 것을 의미했고, 그 사실이 엄연할수록 마음이 괴로웠다.

그러구러 세월이 흘러 나와 친구의 부모가 다 돌아가신 후 어느 해에 그분의 아들이 불의의 화재로 곤경에 처하게 되었다. 교육자로 정년퇴직한 그는 생계비에 보탤 요량으로 어렵게 자금을 마련해 대형 비닐하우스 사업에 투자했는데 그게 홀랑 타버린 것이다.

다행히도 그때 난 현직에 있었다. 며칠 동안 산에 올라 가래를 굴리며 숲길을 걸으면서 이제야말로 내가 그분에게 못한 것을 그 아들인 친구에게 갚을 기회라고 도울 궁리를 했다. 그리고 곧 행동으로 옮겼다. 매달 월급날에 나로서는 꽤 큰돈을 떼어 송금했다. 그때마다 나를 만나러 헐레벌떡 역으로 달려왔던 그분이 생각났다.

그러기를 꽤 여러 해를 변함없이 계속했으니 병영 생활에서 상관한테 가래를 빼앗기지 않고 지켜낸 항심이 은혜 갚음에도 밑거름이 되었는지 모르겠다. 비록 적지만, 반포(反哺)의 까마귀가 되어 그분께 하듯 친구를 도울 수 있음을 보람으로 여겼다.

지금 수중에 그 가래는 없지만, 부모들 세의(世誼) 속에 오간 정리가 자식인 우리에게 뻗어 돈독한 우정을 나누고 있는 게 흐뭇하다. 인간의 지조가 가래를 지켜내는 고집만도 못하고, 인간의 도리가 까마귀의 반포만도 못한대서야 어찌 인간다운 장부라 할 것이랴.

깊은 우물

 명색이 한·일 합자 기업인데 회사 형편은 말이 아니었다. 십여 년째 적자에다 허구한 날 자금 부도에 시달리는 터라 그룹에서 애물단지 신세에다 종업원들은 마치 철새처럼 들락거렸다. 주인 정신이나 생산성 같은 용어는 진즉에 자취를 감췄고 몇 년째 제자리걸음인 임금이 달고 다니는 불만은 여기저기서 핏발이 선 증오를 드러내고 있었다. 식당에 뻔뻔한 낯쥐가 무시로 드나들고, 조리장은 조무래기 코 묻은 돈을 알겨먹듯 가뜩이나 낮은 식자재비를 횡령해 자시고, 부실한 식사가 불만인 공원들은 비닐식탁보를 담뱃불로 지져대 곰보를 만들었다. 총체적으로 난국이고 경영 정상화는 요원해 보였다.
 그런 와중에 자재 가공 공장에서 사고가 일어났다. 점심시간에 한 공원이 무단으로 절단기를 작동했다가 손가락이 잘려나간 것이다. 즉각 병원으로 실려가 봉합수술을 받았다. 그런데 악운이 겹치느라 봉합한 살가죽이 터져 또 한 마디뼈를 잘라내고 다시 봉합수술을 받아야 했다. 일이 꼬이느라 의사가 어이없는 실수를 한 것이다.

하루 사이에 바른손 불구가 된 공원은 자신이 자초한 불행이었음에도 마치 억울한 단지라도 당한 양 난리를 쳤다. 그 사고가 분란 사태로 번진 것은 그가 산업재해 보상금을 탈 수 없거니와 회사로부터도 규정상 병원 치료비 이외 다른 보상을 받을 수 없다는 사실을 통보받은 후부터였다.

공원은 적의가 번뜩이는 험한 말을 마구 쏟아냈고, 가족들은 사장실로 몰려가 사장이 인간도 아니라며 거칠고 저급한 말매를 쳐댔으며, 결국엔 드러누워 병신 된 자식이 먹고살 대책을 해내라 시위를 벌였다. 사장실 업무가 마비되었다.

그 어떤 설득도 소용이 없었다. 규정상 기계를 작동하려면 담당 반장의 승인을 받아야 하는데, 그걸 작업시간도 아닌 점심시간에 임의로 작동하다 낸 사고이니 규정상 회사가 보상할 수 없음을 누누이 설명해도 막무가내였다. 그렇다고 그 경우만 예외로 취급해 보상금을 지급할 수는 없었으며, 더구나 그렇게 야료를 부린다고 해서 규정에 어긋나게 처리할 수는 없었다.

그런 고충을 아무리 설명하고 이해를 구했으나 악다구니만 더 거세게 만들었으며, 노조에 읍소해서 사장이 비정하고 무능하다 진퇴양난의 구석으로 몰아갔다.

사장은 곤혹스러운 고통에 시달렸으나 처리 원칙을 깰 수는 없다는 태도를 견지했다. 노조 간부가 세상에 예외가 없는 절대적인 원칙이 어디 있느냐며 특별히 관용을 베풀도록 종용했다.

선심성 침을 바른 말로야 천 냥 빚인들 못 갚으랴. 날이 갈수록 사태는 악화되고, 사장은 점점 악질 경영자가 되었다. 조직에서 규정을 지키는 것은 대승이고, 한 구성원에 인정을 베푸는 것은 소승임은 무시되었다.

드디어 사고를 낸 공원 가족이 지역 노총에 사장을 고발하겠다고 협박하기에 이르도록 사태가 악화됐다. 제풀에 격앙된 감정이 사장 얼굴에다 침을 뱉는 모욕을 가했다. 바야흐로 생산 공장이 동물농장으로 타락하려는 지경이었다.

침통한 얼굴로 사무실을 나간 사장이 잠시 후 병실에 나타났다. 그가 병자의 잘린 손가락 부위를 가만히 쓸어보고는 봉투와 손수건을 꺼내 손에 쥐여주었다. 개인적으로 마련한 보상금과 병자의 어머니가 뱉은 침을 닦은 손수건이었다. 딱히 옳고 그름을 따질 필요가 없는 해결책이었다. 아무리 억울한 용서일지라도 그것이 인정의 날개를 달면 아름다운 비행을 하는 것이다.

그들은 머잖아 헤어질 사이지만 돌아서는 사람이나 배웅하는 이의 눈에는 따뜻한 이슬이 맺혔다.

이상한 이행대상 만들기

　우리나라 고전 수필에 조선조 순조 때 유씨 부인이 지은 〈조침문(弔針文)〉이라는 명작이 있다. 바느질을 하다가 낡아 부러진 바늘을 애도한 일종의 제문(祭文)으로 바늘은 단순한 바느질 도구가 아니라 동고동락한 피붙이 같은 존재였다. 마치 지체 같은 바늘한테 얼마나 깊은 정을 쏟았던지 그미는 이렇게 조문에다 자신의 기박한 고독과 애절한 처지를 독백하듯 표현하고 있다.
　"추호(秋毫, 가을철에 가늘어진 짐승의 털) 같은 부리는 말하려는 듯하고, 두렷한 귀는 소리를 듣는 듯한지라." 바늘을 생명체요 유정물로 인정하여 표현한 것이다. 하여, 그 부리는 부러진 몸을 가누며 주인에게 아마도 이별사와 위로의 말을 하고 그 귀로는 주인의 애통한 한숨 소리를 들으려 한다고 묘사한 것이다.
　저 작품의 영향을 받은 것인지 일본에도 저것과 유사한 제사가 있다. '하리쿠요', 침공양(針供養)이라고 바느질하다 부러진 바늘을 모아 두었다가 제사를 지내는 풍습이다.

저런 사람과 주변 물건의 관계를 영국 정신분석학자인 위니콧 박사는 '이행대상(移行對象) 만들기'라고 했다. 사람 주변에 있는 생명이 없는 물건에다 생명의 특성을 투영해 마치 생명체처럼 여기는 것이다. 어려서 어머니의 젖가슴 대신에 노상 인형을 끼고 자며 성장한 딸은 어머니와의 감정적 붕괴 현상이 서서히 일어나 성인이 된 후에도 곧잘 주변 물건에다 자신의 감정을 불어넣는 성향을 보이게 된다는 것이다. 말하자면 넘치는 정을 어머니 대신 줄 주변 물건을 만들어 해결하는 것이다.

눈물겨운 사랑의 성취 이야기에 그리스신화에 등장하는 피그말리온의 이행대상 만들기가 있다. 나그네를 박대했다 하여 사랑의 여신 아프로디테는 키프로스의 여인들을 저주했으며, 그 때문에 여인들은 나그네한테 몸을 팔아야 했다. 키프로스의 왕인 피그말리온은 방탕하고 문란한 여인들한테 실망한 나머지 독신을 고집하게 되었다. 그는 상아로 자신이 꿈꾸어 온 순결한 여인상을 조각하고는 갈라테아라고 이름을 붙였다. 왕으로서는 측은한 이행대상 만들기였다. 그가 그 여인상에 쏟는 사랑에 감동한 아프로디테 여신이 그의 소원을 들어주려고 에로스를 보내 갈라테아에게 생명을 불어넣어 주게 했다. 그 조각상은 아름다운 여인으로 살아났다.

우리나라의 〈조침문〉이나 일본의 하리쿠요가 이행대상과의 슬픈 이별이라면 갈라테아의 환생은 이행대상과의 행복한 만

남이요 시작이다. 한데 그 이행의 대상물이 아주 판이하다. 조문 대상이 바늘인데 반하여 신화 대상은 환생한 조각상이다. 이행의 극적이기는 조각상의 환생이 훨씬 크다. 그러나 유정하기로는 〈조침문〉만 어림없다.

현대인의 삶에 깊이 뿌리를 내린 감정의 이행 현상과 그 대상물의 유별난 애완(愛玩) 현상은 갈수록 만연되고 영향력이 커져 우려할 지경에 이르렀다. 우려한다는 것은 지나친 이행대상 만들기 때문에 정상적이고도 필수적이며 아름다운 인간관계가 변질되거나 망가지며, 개인은 더욱 고독해지리라는 전망 때문이다. 가령 가족이나 친구에게 하고 싶은 말이나 주고 싶은 정을 숨기고 억누른 채 밤마다 끼고 자는 인형한테 털어놓고 격정에 겨워 그 인형을 부여안고 몸부림친다면 이행대상에 중독된 것이다.

그런 현상의 만연이야말로 우리가 경계해야 할 현대병이다. 지금 애정에 굶주렸거나 애정을 쏟을 대상이 마땅찮은 사람들이 도가 지나치게 애완동물에 쏟는 애정이나 정성은 본말이 전도된 이행대상을 만들고 있는 것이다.

사람 사는 것은 설사 배신당하고 상처를 받을지라도 정을 주고 사랑하고 인성 본디의 팔을 뻗어 어깨를 겯고 손을 내밀어 맞잡아 걷든 뛰든 함께 오늘을 살아야 사람답게 사는 것이다.

천어 예찬

　천어(賤魚)는 멸치에 붙인 하질 생선이라는 의미와 흔해빠졌다는 뜻으로 만든 신조어다. 아무리 체신이 작다하나 이목구비가 또렷하고 오장육부가 다 갖춰져 있어 생선이라 불리는 데 무리가 없다. 멸치를 두고 하는 농담에 비록 '체신은 작아도 뼈대가 있는 집안의 자손'이라는 게 있다. 아무리 작은 멸치라 해도 뼈대를 제대로 갖추고 있고, 땅을 기지 못하고 하늘을 날지 못해도 바다를 주름잡기 때문이다. 그것은 바다에 무진장인 플랑크톤을 주식으로 할 뿐, 자신은 그 세계에서 좋은 먹잇감이 됨은 물론 오래전부터 인간의 삶에 오묘한 맛을 제공하는 일류 반찬거리가 되고 있다.

　멸치는 청어목 멸치과의 바닷물고기로 크기가 7에서 18센티미터 정도인데 우리나라에서는 두 번째로 많이 잡힌다. 옛날에는 천한 물고기(천어)라고 해서 먹지 않았다고 한다. 명칭도 지방마다 달라서 제주에서는 행어, 전라도에서는 며루치, 자산어보에서는 멸어라고 한다. 멸치에는 단백질과 칼슘이 아주 풍부해서 인간에게 유익한 물고기이다.

멸치는 인간과의 친화력에 있어 그 어느 것보다 뛰어나다. 평생을 먹어도 질리지 않은 게 꼭 고향의 죽마고우 같다. 날것으로 먹어도 그 맛은 일품이고, 구워 먹으면 별미 상등품이라 따로 맛 내기를 할 필요가 없다. 반찬으로 변신을 하면 훌륭한 두루치기가 된다. 맛의 절정은 생으로 양념에 무친 생멸치 무침이다. 그 맛이 뛰어남은 물론이고 식감 또한 뛰어나다. 멸치 회무침은 졸깃한 육질이 잔가시와 함께 씹히는 식감이 일품이다.

말린 멸치는 비록 체신이 볼품없으나 으뜸가는 미덕을 가지고 있다. 햇볕과 바람에 잘 말리면 그 가치가 오히려 커지고 용도가 훨씬 다양해지며 식재로서의 쓰임이 맛깔지다. 마른멸치가 두루치기인 것은 일류 주안상에 올려도 손색이 없는 안줏감이 되고, 주머니에 넣고 다니며 꺼내 먹으면 짭짤하고 졸깃한 주전부리로 일품이기 때문이다.

무엇보다 그 용도가 다양하다는 사실이 또 다른 미덕이다. 그것의 쓰임새를 보면 생선일 때와 말렸을 때가 용도가 달라서 그 변화가 흥미롭다. 생선일 때는 젓갈을 담그거나 액젓을 만들고 회로 먹거나 회무침으로 먹는다. 말려서는 졸임, 다시, 술안주, 등 다양하게 먹는다. 또한 그 크기에 따라 쓰임새가 여러 가지다. 잔멸치는 주로 반찬용 볶음으로, 중치는 꽈리고추하고 졸임용으로 쓰인다. 큰 멸치는 국물 내는 데 쓰인다. 일반적인 쓰임새와 다른 용도를 보면 멸치가 참으로 유용한 생선임을 알 수 있다. 맛 내기의 일등 제품인 멸치액젓이며 젓갈을 만드는 데 그 오묘한 맛이 놀랍게도 소금만으로 만들어진다는 것이다.

그 풍부한 어획량은 또 다른 미덕이다. 영양가도 높은 데다 매년 성에 차지 않아서 생멸치를 담아다 곁에 놓고 먹는다. 멸치 도사가 되어 멸치 다시로 된장을 끓였는지를 귀신처럼 알아낸다.

내가 멸치를 맛있게 먹는 방법을 고안해 냈는데 그중 한 가지가 여름 별미 멸치 물밥이다. 더위가 기승을 부리는 날, 점심에 찬밥을 냉수에 말아 숟갈에 담고 그 위에다 고추장을 찍은 멸치를 올려 입안으로 털어 넣으면 멸치에서 나오는 우아한 맛과 약간 숙성되어 달짝지근한 맛을 내는 찬밥이 냉수의 상쾌함과 어우러져 식사가 맛있다.

그런데, 아뿔싸, 마음대로 멸치를 먹어서는 안 된다고 한다. 견디기 어려운 통증을 유발하는 요산 성분이 많기 때문이란다. 세상엔 좋기만 한 건 없나 보다.

명상과 교감

    명상과 교감의 차이가 감응(感應)임에는 의문의 여지가 없다. 그런데 그 차이가 어떤 가치의 차이를 의미하는지가 궁금하다. 왜냐하면 우리 삶에 있어 감응의 존재 여부나 인간관계에 끼치는 영향이 크기 때문이다.
    명상은 대부분의 종교가 특정한 형태로 체계화할 정도로 종교적이며, 인간의 정적(靜寂)한 자기성찰과 깊은 사색을 통해 정신적 희열과 풍요로운 일상생활을 지양하는 것이다. 명상은 무겁고 차가우며, 교감은 가볍고 따뜻하다. 명상은 정진하는 불자 곁에 양수거지로 서 있는 게 제격이고, 교감은 장날 시장의 시끌벅적한 흥정에 묻어 다니는 게 어울린다.
    명상이 내면적 희열을 조용히 음미하는 것이라면, 교감은 이심전심의 경지에서 상대방의 마음을 헤아려 공감함으로써 기쁨을 누리는 것이다. 명상이 무아지경을 이성으로 소요한다면 교감은 현실 세계에 상대와 통하는 다리를 놓고 온기의 교환을 하는 것이다.

그런데 명상은 다분히 침묵의 도피다. 언어의 존재 가치는 소통에 쓰이는 데 있다. 말이나 글을 통해 나눠야 하고 설득할 때 도구가 되어야 한다. 그런 세상, 즉 침묵이 아니라 말을 주고받는 언어의 장이 서야 사는 것이고, 문화가 살아 움직이는 것이다. 사람마다 견성(見性)하여 다 부처가 된다면 지상에 극락의 도량이 설지는 모르겠으나 도시 젖먹이의 보채는 소리 같은 생명이 내는 소리가 없는 세상이란 얼마나 삭막할지 모른다.

명상은 웃음이든 울음이든 모든 소리와 감정을 빨아들여 이성의 주머니에다 넣고 함묵의 명제를 몇 시간이고 천착하여 본능적인 욕망조차 제대로 숨을 쉬지 못하게 하는 독선에 무리가 있다. 명상이 침묵 속에 자기성찰을 통해 보다 명징한 자아를 발견하고 수련한다는 장점에도 불구하고 내가 명상을 사람 사이의 소통보다 과소평가함은 그 자기중심적 폐쇄성이나 자칫 독선적일 수 있다는 우려 때문이다. 무엇보다도 남으로부터 자신의 부족하고 미숙하며 마땅히 지녀야 할 인간적인 욕망 같은 뭔가를 감추려는 경향 때문이다.

그러나 교감은 다르다. 그건 밖으로 나가 사람과 부딪히는 것이고, 노력하느라 실수도 하고 심지어 자신의 약점이나 치부까지도 노출하는 모험적이다. 그건 형이상학적인 냄새보다는 인간적인 냄새가 훨씬 더 나는 소통이다. 교감에 신나 방귀를 뀐

들 어색하지 않을 만큼 격의가 없다.

신명 나는 교감은 때로 기적 같은 호응이나 용기를 불러일으킨다. 신약성경의 태반을 썼으며 열두 제자의 반열에 들지 않았으나 기독교의 두 기둥의 하나인 바울 사도가 지독한 기독교 탄압의 앞잡이 자리에서 회심하여 경건한 교부(敎父)가 된 것은 다마스커스로 가는 길에서 하느님의 음성을 통한 신비한 교감 때문이었다. 그 교감은 극적이거나 특별하지 않았다. 그러나 영혼을 통렬하게 회개하게 만든 신비한 위력이 있었다.

그토록 우정이 깊었던 고갱과의 교감이 단절되었을 때 고흐는 너무나 절망하여 자신의 귀를 자르는 자해를 하였고, 끝내 정신병원 신세를 졌다. 그러므로 시나 수필 한 편으로 독자의 영혼이 감응하는 교감을 할 수 있는 작가는 벽면 수행으로 견성하는 불자를 능가하는 감응의 경지에 도달한 것이다. 진정 독자의 영혼을 행복한 교감의 세계로 초대하지 못하는 작가는 불행하다.

무엇이 낭만을 앗아가는가

이 시대의 한 가지 특징이 낭만의 고사(枯死) 현상이다. 대체 낭만은 다 어디로 사라졌는가? 옛날 한때는 고래 잡으러 동해 바다로 가자고 노래했는데 그 마음이 사막화되었는지 이제는 온통 사랑 타령이지 그런 신나는 사설(辭說)은 들리지 않는다. 아무리 그럴지라도 민들레 홀씨는 변함없이 멋진 관모(冠毛)를 날개로 달고 미지의 정착지를 향해 부활 여행을 떠난다.

대관절 낭만이란 무엇인가.

공상 세계 피안으로 뭔가를 동경하여 배를 저어가는 멋진 감정이다. 철학자 횔덜린은 "꿈꾸는 인간은 사유하는 인간보다 신에게 더 가깝다"고 했다. 단순히 고전주의에 맞서는 로맨티시즘을 강조한 말이 아니다. 자유로운 공상 세계를 동경하며 개인의 감정을 중요시하는 게 낭만주의다. 《위대한 개츠비》에서 개츠비는 남의 아내가 된 데이지에 대한 사랑 때문에 데이지 남편의 총에 맞아 죽는다. 데이지는 일말의 애도하는 감정도 보이지 않고 떠나버린다. 그토록 허망한 사랑을 두고 어떤 독자들은 "바보 개츠비"라고 비웃고, 어떤 독자들은 너무나 순수하고 낭만적인 사랑을 했다면서 "위대한 개츠비"라고 한다. 어디에선가 저런 위대한 낭만이 피고 지는 것이다.

추억의 피안으로 사라진 낭만을 떠올려 본다. 작곡가가 감정의 출렁임을 다 누르지 못해 악보의 어느 소절에다 샤프나 플랫을 넣어 살짝 리듬의 멋을 내는 것, 눈밭 숲에 벌러덩 누워 눈을 감고 눈 뭉치 떨어지는 소리를 들을 때 외로운 눈물이 고이는 것, 해가 설핏한 역에서 해후한 연인이 역전 빵집에서 단팥죽에다 그리움으로 꿈꾼 얘기를 새알심으로 섞어 먹는 것, 달빛이 고즈넉한 툇마루에 아내의 무릎을 베고 마스카니의 〈카발레리아 루스티카나〉 간주곡을 듣는 것 같은 멋진 낭만이다.

한데 우리 삶에서 그런 낭만을 야코를 죽여 앗아간 원흉이 있다. 실인즉 그것들은 우리가 노상 부려먹는 이를테면 생활의 이기(利器)이며 번뇌다. 그것들은 스피드와 기계, 불신과 무딘 마음 따위다. 우리 삶을 비정상적으로 속도화시킨 것은 치열한 경쟁과 삶이 불안한 조바심이다.

'느림의 미학'이라는 비릿한 과장까지 할 정도로 우리 마음의 행간은 좁아지고 마음도 몸도 늘 동동거린다. 남보다 먼저 이어야 하고 더 많이 차지하려면 스피드에 복종해야 한다. 사고와 판단, 말과 행동 등을 속전속결주의로 해야 효율적이란다.

효율 중독이 중증이다. 인간미나 도리를 고려할 여유가 없다.
점심상에서는 탐미의 기미는 없고 후닥닥 탐식만이 우세스럽다. 대량 생산을 위해 기계는 가능한 한 최대 속도로 돌아가야 한다. 기계화는 감정을 죽이고 사람을 로봇으로 둔갑시킨다. 셈만 빠르면 만족이란다. 과거에 떡메를 치며 둘이서 추임새 놓듯 장단을 맞추던 낭만은 사라지고, 떡은 아무런 추억도 없는 기계가 잘도 찍어내면 그만이다. 그런 데다 사람의 심성에 티눈이 박혀 불신을 품고 감동에 무뎌지기 시작하면서 낭만은 무시당했다. 진심을 믿지 못하는 마음에 낭만의 눈은 감겨 있을 뿐이다.
같이 감동하고 같이 멋지게 느껴져야 하는데 인간적인 신뢰감이 메마른 마음에 낭만이 깃들 리 만무하다. 그런 데다 감동할 기회나 마음도 없고 사물과 인간관계를 순수하게 볼 마음이 없으니 마음은 무뎌질 대로 무뎌져서 낭만 같은 것은 거추장스러워졌다. 저러고서야 어디 낭만이 〈오렌지 향기는 바람에 날리고〉의 아름다운 선율을 타고 남실바람 따라 추억의 피안으로 가랴. 낭만이 제대로 피지 못하는 삶은 무미건조하다. 들꽃 한 송이가 꺾여 시들면 무의미하고 허무한 종말이지만, 병석의 아내 머리맡에 꽂히면 비록 여윈 몰골이 가엾어 슬플지라도 그 한 송이 들꽃은 행복한 낭만이 된다.
우린 오늘도 내일도 무딘 마음을 깨워 바다든 숲이든 꽃집이든 낭만을 찾으러 나서야겠다. 우리의 삶이 너무 오랫동안 낭만을 문밖에다 세워두지 않았나 싶다.

부유한 마음, 가난한 손

성탄절 새벽, 베개에 묻힌 귀로 〈기쁘다 구주 오셨네〉 찬송가 소리가 아련하게 파고든다. 교회마다 학생 성가대원들이 달동네를 돌며 판자문 앞에서 성탄 찬송가를 부르고 찹쌀떡이며 과자를 담은 선물 주머니를 일긋하게 찌그러진 대문에다 매달아 놓고는 했다. 축하 행사로 성탄 전야를 꼬박 지새우느라 피곤할 터인데도 저들의 합창 소리는 꼬불거리는 골목으로 쨍쨍하게 울려 퍼졌다.

어떤 집에선 불을 켜고 저들의 도착을 기다렸고, 어떤 아이는 아예 졸린 눈을 비비며 집 앞에 나와 기다리고 있었다. 혹한의 새벽 몇 시간에 걸친 순회는 보통 고역이 아니었다. 그럼에도 믿는 이, 믿지 않는 이 모두가 새벽 찬송가 소리에 깨어 귀를 기울이며 가슴이 먹먹해했던 것은 그 시대 특유의 낭만 때문이었다. 그 정도로 하느님과 가까웠던 것이다.

그런 시절 내게 교회 학생회 회원으로 의기투합하는 몇 명의 친구가 있었는데 모두들 가슴이 펄펄 끓고 있었다. 뭔가 의로운 일 보람찬 봉사를 하고 싶은 열망으로 몸이 근질거렸던 것이다.

그런 그들 눈에 측은지심을 자아내는 한 세계가 잡혔다. 피난민 수용소의 코흘리개들이 괴발개발 써 보낸 편지 때문이었다. 그들도 성탄절 새벽에 찬송가 소리를 듣고 산타할아버지의 선물을 받고 싶다고 했다. 어떤 아이는 왕눈깔사탕을 먹으면 더 바랄 게 없다고 큰 글씨로 적었다.

우리의 고민에 찬 궁리가 시작되었다. 성탄 시기와 설날이 지나가기 전에 눈이 빠져라 기다릴 아이들을 찾아가 찬송가를 들려주고 선물을 하고 싶은데 너무 적수공권이었다. 빈손들을 모아 무릎 꿇어 아무리 기도한들 하늘에서 동전 한 닢이 떨어질 리 만무한 것, 우리는 하나 같이 무력한 가난한 집 자식일 뿐 가난한 손을 어찌할 수가 없었다. 주머니가 텅 빈 학생 처지에 수십 명에게 줄 선물을 마련한다는 것은 무리였다. 당시에는 지금처럼 아르바이트할 거리란 전무했다.

그러구러 우리가 한 주일 정도 궁리를 거듭하고 났을 때였다. 학생회의 한 여학생클럽에서 만나자는 연락이 왔다. 뜨악하니 들어서는 내게 여학생들 대표격인 '신사임당'이 뭔가 내밀었다. 분홍 손수건에 싼 뭉치였다. 그걸 받아 풀어보던 나는 깜짝 놀랐다. 그건 돈뭉치였다. 남학생 측에서 계획하고 있는 봉사활동에 대해 들었다면서 그 돈으로 선물을 마련하라고 했다. 나중에 알았지만, 여학생들은 한 달 용돈을 몽땅 털어 그 돈을 마련했던 것이다.

  나는 너무도 감격해 고맙단 말만 던졌을 뿐 제대로 인사도 차리지 못한 채 친구들한테로 달려갔다. 우린 환호성을 질렀는데 돈이 생긴 것 못잖게 여학생들이 동조하고 나섰다는 사실에 너무 고무돼 흥분 상태에 빠진 것이었다. 우린 즉각 선물 준비에 돌입하고 그 주일로 난민촌을 찾아갔다.

  한 천막에다 아이들을 모아놓고 성탄 찬송가 몇 곡을 들려준 다음 선물 보따리를 풀었다. 그 순간에 벌어진 장면은 눈물 없이는 보고 있을 수가 없을 만큼 즐겁고도 감격적이었다. 아이들은 누런 콧물을 묻히면서 눈깔사탕을 맛나게 빨았으며 먹거리나 학용품, 장난감을 받아들고는 제자리에서 방방 뛰며 꼭 갖고 싶었던 것이라고 울먹였다. 일일 천사가 된 우리는 그 뜨거운 반향에 어린애들보다 더 즐겁고 더 감동했다. 거기 모든 눈마다 물기가 번들거렸다. 그때 저마다의 가슴에 자신의 생애를 어떻게 살 것인가에 대한 어떤 낙인이 찍혔는데 그것이 각자 일생의 값비싼 지표가 되었을 것이다.

  성탄절이 다가올 때마다 저 추억으로 회상의 배를 저어 가는데 아쉽게도 언제부턴가 새벽 찬송가 소리를 들어보지 못했다. 대신 어디선가 아비 새의 울음소리 같은 영혼의 흐느낌이 들리는 듯해서 우울하게 만든다. 어째서 손은 비록 가난해도 마음이 부자인 뜨거운 가슴은 불타오르지 않는 것인가.

겨울나무

 산길 가에 큰 소나무가 죽어 넘어져 있다. 잎은 흔적도 없이 다 사라졌고, 가지도 줄기 가까운 밑동만 남았다. 썩어 속이 텅 빈 꺾인 부위는 입을 헤벌린 모양으로 곤충과 설치류 동물들이 들락거린다. 아직도 의연한 자태를 다 잃지 않고 있는 것은 세월에 파인 깊은 고을을 주름처럼 달고 있는 껍질이다. 그 까슬한 느낌이 변함이 없다. 그것과 함께 코끝에 묻는 소나무 주검의 체취가 묘한 솔 향기를 풍긴다.

 길찬 숲에 헌칠한 키로 늘 푸르렀던 그 소나무가 얼마나 무성했던지 웬만한 산바람은 그 품에 고이고, 이글거리는 한여름 햇볕은 거기서 다소곳이 순화돼 서늘하게 짙은 그림자를 드리워 산객들이 지나며 "거 나무 그늘 한번 시원하다" 칭찬을 들었었다. 거기에 잠시 서서 땀을 들였을 때 풋풋한 솔 향기에 고향이 그리워지기도 했고, 산행 친구가 수통을 건네며 어느 시인이 읊은 "나의 아름다운 미루나무 그늘이여"를 응얼거리기도 했다.

아, 그런데 그 죽은 나무에는 그림자가 없는 것이다. 품을 비웠으니 그늘은 드리울 수 없다고 해도 그 긴 여정을 끈질기게 따라다니던 그림자는 있을 것 같은데 없는 것이다. 사소한 한 그루의 나무의 주검이 그림자까지 버리고 공(空)으로 사라졌다는 사실이 쓸쓸하다. 그 그늘에 묻혀 든든한 몸통에 기대 남실바람 같은 입맞춤을 받았을 때 머리카락 몇 올이 떨리듯 날려 그의 볼에 누웠었는데, 지금은 그 그림자조차 흔적이 없다니 한 나무의 일생이 저토록 허허로이 스러졌단 말인가.

어릴 적 깎인 달은 겨울 하늘 높이 아득하고, 문풍지를 찢으려 들듯 덤벼드는 황소바람에 문풍지는 밤새 떨며 밤을 지새울 때 뒷동산 겨울나무들이나 인적 끊긴 신작로에 서 있는 전봇대들이 모진 바람에 우는 소리가 자자했다. 삭풍엔 고통을 주는 침이 있어 선잠을 깬 귀에다 심술을 먹이고는 했다. 그런 날 아이는 빌었다. 혹시라도 재 넘어 제사에 가신 어머니가 재를 넘어 돌아올 때 '울 엄마'가 가난한 삶을 호미질로 연명시키느라 그 고운 손갈퀴처럼 망가지고 터서 아픈 손을 매정한 삭풍이 할퀴지 않기를 빌었다.

그 아이가 커서 최전방 초병(哨兵)이 되었다. 자정을 넘긴 숲의 칠흑 같은 어둠을 마구 찢어발기며 떨고 서 있는 깡마른 숲을 찬바람이 사정없이 후려쳤다. 허우대가 멀쑥한 병사는 멈춰 서서 고향의 어릴 적 겨울밤 그렇게도 사납게 달려들던 삭풍에 밤새 울던 문풍지를 떠올린다. 그건 마치 누군가 방문을 열려고 문고리를 잡아당기는 것 같은 공포였다. 헌헌장부로 총을 메었으나 귀는 아직도 그 고향 집 겨울바람이 무섭다. 외로운 원두막처럼 오똑하니 도드라진 초소는 그 바람 귀신이 달려들 때마다 이상한 울음소리를 내며 운다. 마치 숲속의 큰 나무와 마주 보며 덩달아 우는 것 같다. 그 아름드리 거수는 시계(視界) 청소에 사지가 잘려 벌거벗은 나목이 되고는 겨우내 밤만 되면 바람을 붙잡고 운다.

　매운바람에 섧게 우는 겨울나무의 속연이 측은하다. 아마도 모진 삭풍에 간신히 긴 아린(芽鱗, 나무의 겨울눈을 싸서 보호하는 기관)마저 얼어 죽었으니 해동이 된들 잎사귀 한 닢을 틔울 희망이 없는 것이다. 천차만별인 인생의 겨울나기가 꼭 겨울나무 같아서 서글프다.

4부

사다리 오르기

군밤

군밤 하면 연상되는 낱말이 많은데 애인 손, 주머니 손난로, 시시덕거리고 깔깔대며 먹는 주전부리, 타령 등 그 대부분이 친근하거나 낭만적인 것들이다. 묘하게도 세밑에 이르면 어김없이 군밤이 생각난다.

〈군밤타령〉은 경기민요 중에서도 가장 빠른 타령인데 한 사람이 매기고 들면 여럿이서 신나게 받는 소리이거나, 때로는 억울하고 원통하며 불통가지가 곤두서 내지르듯 받는 타령이다. 타령이란 조선 시대의 음악 곡조의 하나로 판소리나 잡가에 쓰였다.

〈군밤타령〉은 신명이 넘치는 타령으로 여럿이서 매기고 받으면 단순한 가사와 리듬이 묘하게 어울리는데 그저 온갖 시름 다 잊고 손장단 맞춰 받는 축에 끼어 따라가기만 하면 된다. 혼자서 뽑아내는 타령은 군밤하고는 상관이 없으나 매김이 좋아

죽어라 잘도 받아넘기는데, 그 매김 타령이 때로는 가슴에 찡하고 울리는 넋두리 같고 또 때로는 쌓이고 쌓인 한을 풀어내는 사설 같기도 하다.

그 한 타령을 매기고 받아보자. "너는 총각, 나는 처녀, 처녀총각이 단둘이 만나서 둥그러졌구나" 하고 매기면, "얼싸 좋네, 군밤이여, 어라 생률 밤이로구나" 하고 여럿이 받는다. 세상에 한낱 군밤을 두고 그토록 정감 나고 간지럽게 처녀총각을 희롱하는, 악곡 같지도 않으나 더 악극 같은 타령이 세상에 또 있는지 모르겠다.

내가 버리지 못하고 품고 사는 단어가 있는데 그중 겨울철이면 바람결에 실려 오는 군밤 탄내나 멀리 보이는 포장마차의 흔들거리는 불빛만 보여도 반색으로 뛰쳐나가는 '군밤'이라는 말이다.

흥을 돋우는 민요, 특히 경기 민요에 타령이 있는데 〈천안 흥타령〉, 〈새타령〉, 〈창부타령〉 등에 〈군밤타령〉이 버젓이 끼어 있다. 타령이 늘어놓는 사설을 보면 군밤의 위상이 꽤 높다. 옛날에 가장 고급 제수로 쓰인 조기를 무진장으로 잡아 올린 황금 어장 연평 바다에 돈바람이 불어 얼씨구나 좋은 사설이 꼭 데리고 사설을 받아 "참 좋네" 신명 나는 장단을 맞추게 한 것이 있었으니 〈군밤타령〉이었다.

세밑이라서인가 바람은 맵고 거리는 부산하다. 칼바람에 코끝이 아리다. 체감 온도가 두 자릿수로 뚝 떨어졌으니 엄동이다. 그러나 나의 발걸음은 무겁지 않다. 선배 글벗들을 만나러 가는 길이기 때문이다. 그들과의 대화는 진부하지 않아 대화의 피로가 없어 좋다.

지하철 출구를 벗어났을 때 찬바람이 지우지 못하는 냄새가 풍겨왔다. 반가운 겨울동무 군밤이 익는 냄새였다. 늦가을로 들어서기 바쁘게 거리에 등장하는 군밤은 사람 마음을 유혹하는 거리의 '향기로운 미끼' 중에 으뜸인 향이(香餌)다. 그 향미(香味)는 독특하다. 세 가지 향취, 겉껍질이 타는 냄새에 속껍질과 속살이 익으며 나는 육향이 어우러져 군밤 냄새를 풍기는 것이다. 군밤 하면 마치 저녁 대합실에서 연인의 도착을 기다릴 때처럼 왜 마음이 술렁거릴까.

추운 저녁거리의 '향기로운 미끼'에 군밤 냄새만 한 게 없다. 가만히 생각해 보면 '군밤' 하는 소리부터가 정답다. 맛깔스러운 우리말 중에 단 한 자씩 두 글자가 짝지어 된 한 낱말이 실비, 쌀엿, 단감, 참빗 등 많은데 그중에서도 군밤이 단연 으뜸이다.

거기다 군밤이 태어나는 과정을 보면 꽤 극적이다. 굽는 과정이 군고구마 같은 다른 군것질과 다르다. 우선 밤 머리 부위에다 예리한 칼로 칼집을 내는 게 그렇다. 숨구멍을 틔워 주어 불이 뜨겁다 몸부림칠 때 열기를 내뿜게 해주는 것이다. 안 그러면 밤은 제풀의 격정을 못 이겨 폭발한다. 칼로 안락사를 도와주다니 멋진 아이러니다. 단단한 겉껍질을 태운 불땀은 그 열기를 뻗쳐 속껍데기와 속살을 찐다. 그 불땀 들이는 시간과 강도가 조금만 어긋나도 설익은 군밤이 된다. 설겅거리는 군밤은 군밤이 아니다. 굽는 시간을 맞추는 일은 기술이다. 잘 구워진 군밤은 옷을 입은 채로 주인을 기다려도 좋고, 옷을 홀라당 벗은 알몸으로 맞아도 결코 민망치 않다.

그걸 사는 과정도 재미있다. 그건 정가표가 붙어 있지 않아 얼마어치로 사는 게 보통인데 군밤 장수가 다 담았음에도 눈을 떼지 못하는 것은 덤 때문이다. 몇 개든 덤이 따라와야 사는 즐거움이 무안하지 않기 때문이다.

그날 군밤 두 봉지를 사서 한 봉지를 펼쳐 놓고 이야기를 나누며 먹었다. 계절의 총아답게 맛이 꿀맛이었다. 나머지 한 봉지는 문우한테 글 지을 때 창작 조치개로 먹으라고 주었다.

언젠가 그 문우는 창이 커다란 통유리로 된 동네도서관 열람실에 홀로 앉아 창밖을 내다보는 파적을 즐긴다고 했다. 그런 나 홀로 자리에 입놀림 먹거리로 군밤만 한 게 없다며 모처럼 마음에 쏙 드는 선물을 받았다면서 군밤 봉지를 펼쳐 띠앗처럼 옹기종기 모여 앉은 군밤 사진을 찍어 보내왔다. 그 사진을 보고 깜짝 놀랐다. 벗긴 군밤이 수줍어 몸을 웅크리고 있는 모습이 그토록 아름다울 수 있는가 싶은 느낌 때문이었다. 연인의 언 손을 외투 주머니에 가두고 따스한 군밤 반쪽씩을 나눠 먹던 추억의 낭만이 뒤따라왔다. 확실히 군밤은 맹추위가 아무리 사납게 눈을 부라려도 그 유혹을 외면할 수 없는 향기로운 미끼다.

앵 토라진 연인의 언 마음을 녹이는데 군밤만큼 자연스럽고 탁효한 게 없다. 때는 추운 밤이라 둘 사이는 벌어지기보다는 체온에 이끌려 밀착되기 마련이고, 추위와 격조의 서먹함에 위축된 호기심은 겨울밤의 낭만이 스멀스멀 눈을 파고드는 거리 파노라마를 쫓다가 어둑한 공간에 반짝이는 알 불알 전등 불빛을 발견하는 순간 스르르 격진 마음이 풀리면서 자신도 모르게 그 불빛 쪽으로 이끌려 간다.

그리고 일자로 놓인 군밤 수레 앞으로 서는 순간 눈은 반색으로 웃고, 코는 천진하게 쌓아 놓은 밤 무더기로 내려서 달콤 비릿한 살냄새를 핥듯 맡으며 일 년만의 재회를 반기는 것이다. 그 눈길에는 화해가 그득하다.

군밤이 임의로운 것은 담는 봉지가 지저분해도 따스한 촉감과 구수한 냄새로 툭탁치기에 충분하고, 군밤 인심이란 게 있어 덤으로 두서너 개를 얹어주면 마치 칙사 대접이라도 받은 양 기분이 좋아지기 때문이다.

그런 애물을 봉지 가득 사 들고 집으로 서둘러 가는 걸음은 가장 행복한 귀가다. 군밤은 꾀죄죄한 봉지에 담아도 그 품위가 떨어지지 않으며 맛이 변하지 않아 좋다. 더구나 부모에게 따듯한 밤을 드리려고 가슴에 품고 가는 한 봉지 군밤은 가누기 어려운 고운 정이 봉지 가득해 그 군밤 체취가 더욱 불가사의하게 풍긴다. 라르고로 군밤타령이 흥얼흥얼 따라 나온다. 어느 예찬자는 죽어서도 내는 군밤 향기를 밤의 미덕이라 했다.

사족(蛇足)과 망상(妄想)

　가만히 있으면 본전이나 하지 공연히 쓸데없는 일을 덧붙여 오히려 일을 망친다는 속담이 있다. 잘 그려 놓은 그림에다 마치 그림에 정통한 미술가라도 되듯이 이러니저러니 평을 늘어 놓다가 급기야 회심의 한 수를 보인답시고 그림 속 뱀에다 발을 그려 넣어 졸지에 뱀을 용으로 둔갑시킨다면 평지풍파도 그런 어이없는 풍파가 또 없을 것이다. 말하자면 공연히 사족을 달아 바둑에서 과수(過手)가 패착을 부르듯 일을 그르친다는 것이다.
　내내 신중하게 잘 두어온 바둑을 패착으로 몰아간 이유란 무엇인가. 그건 필시 전엔 없던 자만심의 소치라 할 것이다. 행마가 신중하고 착실하여 판세가 견고하게 안정되면 행여 상대방이 묘수로 흔들어 전세가 역전, 패착의 위험에 빠지는 것은 어리석은 과수(過手)다. 행마가 거침이 없고 공성이 치열하지 않으면 판세는 평안한 형국이니 말을 부리는 자는 마땅히 닥칠 위기를 생각해 대비했어야 하는 것이다. 그런 거안사위(居安思危) 원칙을 지키지 않음은 다 이긴 바둑을 망치는 과수인 것이다.

그렇다면 무엇이 사족을 그려 넣게 하는가. 그것은 꿈과 자신감이다. 평범한 뱀을 일약 용으로 둔갑시키겠다는 자신감은 교만의 소치이긴 하지만 야무지다. 만일 발을 얻었다 해서 땅을 기던 뱀이 뛰어 하늘로 도약할 수 있다면 기적이다.

그런 파격적인 발상이 인류 문명의 발전을 리드한 것이다. 또한 발을 달아 줌으로써 뱀을 일약 용으로 만든다는 것은 발상에 있어 뛰어나다. 세상이 그런 발상을 비웃어 현실감이 부족한 망상이네 폄하하지만, 실로 문명의 획기적 변화란 그 사단의 본디가 망상에 가까운 발상에 있는 것이다. 망상에 가까울수록 발상은 더 흥미롭고 멋지며 유익하게 보인다.

라이트 형제가 모형 비행기에다 구동장치를 설치하고 날겠다고 했을 때 그 말을 믿는 사람은 거의 없었다. 그 발상이 처음인 데다 사족을 달아 승천하는 용으로 둔갑시킨다니 너무 기발한 망상이기 때문이었다.

예수께서 십자가에 달려 죽으셨다가 사흘 만에 부활하신다 했을 때 사람들은 망상이라 비웃고 심지어 제자들까지도 반신반의했다. 그들 신앙심은 세속에 깊이 뿌리가 박혀 있어 인간적 망상만 보일 뿐 전능하신 하느님의 이적은 보지 못하는 것이었다.

어느 곳에 태어난 코이가 주인 손에 들려 살게 된 세계는 어항이었다. 그 세계는 맴돌이하기에 알맞을 정도로 협소했다. 어항 코이는 강에 사는 코이의 삶을 그리워했다. 어항 코이는 날개가 돋아 강으로 날아갔으면 하는 공상으로부터 갖가지 망상을 하기 시작했다. 그러던 중에 거짓말처럼 홍수가 마을을 덮친 물살에 휩쓸려 강으로 떠내려갔다. 강 코이가 된 것이다. 어떻든 어항 코이의 망상은 기적적으로 사실이 된 것이다.

  나무꾼 청년이 호숫가에 앉아 공상의 세계를 거닐며 찾은 여인은 선녀였다. 망상이 이뤄진 것은 동화 속이었다. 그리스의 한 조각가 영주는 꿈꾸는 여인상을 조각해서 갈라테아라는 구원의 여인상을 만들어 망상의 옷을 입혔다. 그 여인상이 인간으로 환생하기를 염원하는 망상이다. 그 지성에 감동한 사랑의 여신 아프로디테가 갈라테아에게 생명을 주어 인간이 되게 했다. 사랑의 승리다. 물론 신화다. 그러나 인간은 망령됨을 알면서도 나무꾼이 되어 망상의 밀림 속으로 모험을 떠나는가 하면 구원의 여인상을 지치지도 않고 조각한다.

마음공부

공부라면 뭔가를 배우는 것인데 그것을 평생 한결같이 하란다. 공자처럼 대학자요 대단한 스승조차도 세 사람만 모여도 그 가운데 배울만한 스승이 있고, 사흘만 책을 읽지 않아도 혓바늘이 돋는다고 했다. 인간이 태어나 성장하는 과정이란 배움과 무관한 것은 한 가지도 없다. 배우면 관계가 맺어지고 대화가 시작되며 감정의 교류가 시작된다.

사람이 뭔가를 알려는 호기심이나 필요 때문에 공부하는데, 지식욕이 다양하고 강할수록 배움은 많아지고 깊어진다. 배움이란 지식욕이 낳는 공부와 정신과 감성이 욕구하는 마음이 원하는 공부가 있다.

인간이 하는 공부 중에 가장 치열하기로는 깊은 산중 잔사(殘寺)에서 면벽(面壁) 정각(正覺) 수양을 하여 쌓은 노스님의 승랍(僧臘)이 있다. 그 깨달음은 부처가 깨달은 진리로 일테면 가장 올

바른 깨달음인 것이다. 배우는 데 끝이 없다는 말이 실감 난다.

마음공부란 마음을 수양하는 것으로 지식을 공부하는 것과 다르게 깨달음을 얻고자 함인데 불교에서 정각(正覺, 가장 올바른 깨달음)이라 하는 게 수행의 꽃이다. 저토록 마음공부는 어려운 것이다.

한데 마음공부를 하는 목적은 무엇일까. 어느 사람은 인간다운 도리를 깨닫고자 해서일 것이고 또 어떤 이는 마음의 번민을 뿌리치려고 할 것이다. 마음속에 쌓인 게 많고 갈등의 갈피를 잡기 어려울수록 마음을 다스릴 능력, 일테면 인격 같은 자산이 필요한 것이다. 옛날에는 인격 수양이라고 해서 마음을 다스리는 것을 중요하게 여겨 그런 시간을 할애하고는 했다.

저명한 명언 중에 수신제가치국평천하(修身齊家治國平天下)라는 말이 있다. 개인이 바르게 행동하고 집안을 잘 다스리면 나라와 바깥세상이 평안하다는 것이다. 한 개인의 수신이 얼마나 중요한가를 극명하게 보여주는 명언이다. 저 명언의 교훈인즉 한 개인의 됨됨이와 올바른 행동이 나라의 존립을 크게 좌우한다는 것을 의미하기도 한다. 그렇다면 개인의 인격과 태도가 나라의 존립과 발전에 깊이 연관돼 있다는 것으로 마음공부가 중요하다는 의미다.

헤서 예부터 학문의 지적 필요성에 인격이 기초가 되지 않으면 인간다움을 상실할 것이며, 마음의 수양을 기할 수 없을 것이라고 했다. 정신 수양이나 인격도야가 다 마음공부의 산물이다.

한데 인간은 수양과 도야를 진지하고 소중하게 여기지 않는 경향이 농후하고, 연마에 진력하지 않는다. 마음공부를 한다는 말은 낯설게 들리며 수양은 도량에나 어울리고 필요한 것으로 느끼는 것이다.

마음이란 하늘의 별만큼이나 무수히 빛나고 변화무쌍하며 거침이 없이 정신세계를 휘젓고 다닌다. 많기도 해서 사람의 마음은 헤아리기 어렵다고 한다. 이심전심(以心傳心)이라 발 없이 천리를 가는 재주가 있나 하면 심광체반(心廣體胖, 마음이 너그러우면 몸이 편안함)이라 했다. 헤아릴 수 없이 많은 마음의 움직임이 신비하다. 인간의 마음속의 생각인 심상(心想)은 애틋하고 간절한 마음속 세계(心界)에 무수히 생멸하니 근심으로 생긴 병(心病)이며, 번뇌(心垢), 마음의 깨달음(心受)이나 깨끗한 마음(淸心)이 있다. 복심(腹心)에는 음흉하고 부정한 흑심(黑心)과 역심(逆心), 아름다운 효심, 아름다운 방심(芳心), 참된 마음인 충심(衷心), 심덕과 심산(心算)이 있다. 저들은 꽃처럼 마음밭(心地)에서 끊임없이 피고 진다.

일과 오락

　일과 오락은 노동과 재미인데 그 관계가 인과관계도 아니고 상관성이 높은 것도 아니다. 그렇다고 관계가 밀접하지 않다고 말하기도 어렵다. 다구나 요새처럼 인간관계가 복잡하고 생활이 다양한 때에는 일과 오락은 노동과 휴식 상관성 측면에서 그 조화가 너무나도 중요하다.
　과거에는 일과 오락은 밀접한 관계가 아니었다. 기업에서조차 노동과 휴식의 상관성을 중요시하지 않았다. 그것을 적당하게 교대해 조화를 이루면 생활이 즐겁다고 한 사람은 톨스토이였다. 오늘날 노동과 휴식은 불가분의 관계다. 노동의 효율을 높이려면 휴식의 질을 높여야 한다고 한다. 휴식이란 심신이 평화롭게 쉬는 것을 의미하는데, 오락하는 재미를 적절하게 이용하면 훨씬 효과적이다.
　직장에서 털어버리지 못해 쌓이는 스트레스를 해소할 셈으로 시작한 주말 등산이 퇴직 후에는 주중 두 차례로 늘었다. 재직 시 산행은 휴식 쪽 목적이 더 분명했는데, 백수 처지에 하는 산행은 오락의 색깔이 더 짙었다. 휴식은 쌓인 피로를 풀어야 한다는 강박관념이 행동을 강제하지만, 오락은 거리를 끌어들이고 함께 어울려 재미를 찾아 즐기기 때문이다. 그 재미라는 게 싱거운 듯하면서도 당기는 맛이 있어 뿌리치질 못하는 것이다.

십수 년을 매주 등산을 다닌 다섯 친구는 자신도 모르게 닮은 것이 여러 가지가 생겼다. 지겹도록 되풀이하고 나중엔 다짐까지 받아 냈는데도 점심 메뉴 고를 때면 누군가는 '아무거나' 메뉴를 내미는 것이다. 그러면 핀잔을 맞고 물러서는 꼴이 우스워 놀려대며 웃는다. 호호야의 그런 귀한 웃음은 의외로 즐겁다. 그런 유의 재미는 식사 후 으레 차 마시며 타는 '회고 선(船)'에서 트는 '낡은 레코드'로 무진장 재생된다. 꼬부장한 골목 새우젓 장수 집 앞 공터에서 벌어지는 복수전 구슬치기 같은 일화는 아무리 되풀이되어도 지겹지 않았다. 왕구슬이 졸병한테 얻어맞고 새우젓 장수 시궁으로 떨어지면 패전 못지않게 그 시궁을 뒤져 왕구슬을 구해내야 다음 복수 도전이 가능했다. 그 시궁창은 악명이 높았다. 똥기저귀 빤 물이며 개숫물 등 동네 오물은 다 섞인 데라 악취가 고약했다. 무엇보다 꺼리는 것은 붉은 실지렁이였다. 그 추억담은 얼마나 되풀이되었나 모르는데도 여전히 돌아간다. 삶이 무료한 것은 그런 유의 재미가 없기 때문이다.

일본에 처음 출장을 갔을 때 우리 생활문화와 다른 문화를 목격하고 좋은 인상을 받은 적이 있었다. 퇴근 후 일본 회사원들은 무엇을 할까 궁금해 한 평사원 일행을 따라갔다. 예상과 달리 그들은 무표정하나 익숙한 태도로 몰려갔는데 그곳은 마작하는 집이었다. 그들은 지난번 게임에서 잃은 돈을 복구해야 한다고 결의를 다지며 게임을 시작했다. 마작을 도박으로 인식해 온 내게 그들이 재미있는 오락으로 여기는 모습은 부럽기만 했다.

게임은 한 시간 만에 끝나고 그날의 따고 잃은 내용을 적은 후 뒷골목 선술집으로 몰려갔다. 거기서 간단히 한잔하고 헤어졌다. 외상으로 달린 빚은 월급날 청산한다. 일본인 특유의 장점이지만 마작 게임도 진지하게 즐긴다. 승리한 사람의 패가 얼마나 훌륭하게 조패가 되었는가를 열심히 설명하는 말이 패자조차도 칭찬받게 만든다. 해서 일본인은 학구적이라는 평을 받는다.

노후의 생활에서 제일 고통스러운 난적은 무료인데, 그걸 재미로 바꿔 즐길 수 있는 방법이 있다. 마작이다. 재미로만 따져도 내기 놀이의 최고이며 그 밖에도 오락으로서 매력이 여러 가지가 있다. 패를 세워 놓고 조패를 함으로 구경꾼이면서 게임으로 즐길 수가 있고, 게임 방식이 간단해 배우기가 쉽다. 화투가 꽃을 맞추는 것이라면 마작은 숫자를 맞추는 것이다. 화투짝처럼 패가 3종류가 있는데 같은 패가 4개씩 있어 그걸 3개씩 맞추거나 1, 2, 3 또는 7, 8, 9 식으로 맞추는 것이다. 다분히 숫자놀이를 하는 것이다. 이 게임은 재미의 무게가 5단계로 증폭되는데, 그 1단계가 구경꾼으로 2선에서 보는 것이고, 2단계는 직접 게임을 하는 것이고, 3단계는 '훌라'(승리 패를 떠서 바닥에다 내려치며 승자가 되었음을 선언함)를 판판이 하는 것이다. 4단계는 패인을 복기하며 복수전을 기다리는 즐거운 안달이며, 5단계는 패자의 간청하는 도전을 낯간지러운 생색을 내며 수락, 그날을 기다리는 것이다. 도박의 역한 냄새가 나지 않을 정도라면 어느 장소 누구하고라도 즐길 수 있는 오락 중에 으뜸가는 재미가 있음은 사실이다.

  우리나라 직장 문화가 술에 절어 있는 원인은 마작 같은 재밋거리가 없기 때문이다.

사다리 오르기

　사람이 사회생활에서 경쟁 시스템을 따라 더 높은 지위로 올라가는 승진제도가 있다. 이른바 승진 사다리라는 계급과 직위, 연륜의 단계다. 그런 직위나 계급을 나눠 부여하는 것은 월보수를 정하기 위해서이며, 직무에 따르는 권한과 책임을 부여하기 위해서다. 이른바 직무 경력과 근속 연한이 쌓이고 그 기준표에 따라 급여, 상여, 수당, 포상 등을 정하고 승진을 시킨다. 그러므로 남녀 간에 장부가 청운의 꿈을 펴려고 사회로 진출하면서 야심만만하게 주목하는 게 두 가지가 있으니, 그 하나는 직장의 비전, 장래성이고 다른 하나는 까마득히 높은 승진 사다리이다.
　기업의 경우 승진 사다리가 평사원에서부터 최고 톱인 최고경영자까지 무려 10여 계단이나 된다. 그 승진 구도가 피라미드형이라서 오를수록 대기 기간이 길어지고 승진하는 자리가 줄어 경쟁이 심해진다. 한데 한 계단 승진해 올라가기 위해 쌓아야 하는 기간이 올라갈수록 길어져 부장에서 이사로 승진하려면 나이는 50대에 부장된 지 십 년 이상 되기가 보통인 것이다. 이래저래 승진 사다리 밑에 처음 서서 올려다보면 너무 까마득하고 가팔라 절망으로 심장이 툭 하고 떨어진단다. 특히 그 사다리의 정점인 최고경영자인 대표이사 사장 자리는 단 한 자리뿐이다. 그러므로 평사원이 삼사십 년에 걸친 피나는 노력으로 최고경영자 자리에 오르는 건 진정 대단한 성공이고 출세다.

승진 사다리는 좁고 가파르며 오래 걸리면서 떨어지기 쉬운 위험한 사다리이다. 그럼에도 직장인치고 승진 사다리를 외면하는 것은 불가능하다. 해서 기업에는 신화 같은 사다리 정복 성공기를 써낸 성공자들이 얼마든지 있다. 그런가 하면 거기에는 사다리를 오르는 자격 미달자, 오르다 떨어진 낙오자, 일단 올랐으나 실력 부족으로 밀려난 사람이 구차스러운 모양새로 모여 있다.

지난 세기 세계적으로 유능한 전문경영자로 회자된 CEO에 GE의 잭 웰치 회장이 있다. 그는 남모르게 경영자의 깜냥을 품고 있는 중간관리자였다. 그러나 그는 고질적인 거대 기업의 운영상 비효율성과 과다한 인원의 비능률성이 얼마나 심각한가를 예리하게 꿰뚫고 있었다. 일개 부장으로서는 분수에 넘치는 안목이었다. 그는 과감히 경영 혁신을 주창했다. GE 내부에 일대 변혁을 단행하자는 쪽과 근무 시간에 회사 근처 바에서 마티니를 홀짝거리며 느긋하게 일해도 경영성과 올리는 데 문제가 없다는 현실에 안주하려는 쪽이 첨예하게 대립했다. 결국 GE맨십이 일대 혁신을 추진하게 되었는데 그 선두의 기수가 잭 웰치였다.

그때 벌인 경영 혁신은 금세기 최초의 대혁신이었다. 성과가 미약한 사업부서(회사)를 매각하거나 문을 닫느라 해고한 종업원이 10만여 명에 달해 그는 저 유명한 별명인 사람만 골라 죽인다는 '중성자탄 잭' 살인자 호칭을 얻었다. 그가 위대한 경영자였던 것은 새로운 사업거리를 만들어 해고한 수만큼의 채용을 했다는 사실이다.

그가 부장 자리에서 용약하여 회장 자리에까지 날아 올라갔다는 사실은 기업에서 사다리 오르기의 신화를 썼던 것 아닌가 싶다. GE를 반석 위에 올려놓은 그 공은 잭 웰치의 놀라운 열정과 지혜, 애사 정신이 성취한 산물이었다. 기업에는 그처럼 직위 사다리를 올라가려는 경영자 후보자들이 넘쳐야 한다.

나 역시 그 사다리를 올라갈 투지를 불태웠다. 능력 있어 열정으로 일하면 도전해볼 만했다. 나의 사다리 오르기는 우리나라에 현대식 경영이 본격적으로 도입되기 전인 60년대 말로 일테면 명동에서 "사장님" 하고 부르면 주위 남자가 다 돌아본다고 할 정도로 감투가 흔해 빠져 벼락출세담이 지천인 시기였다.

나는 공교롭게 기회가 많은 창업 기업에 입사한 덕으로 일은 많고 힘들었으나 승진 사다리는 실력과 노력 위주로 올라갈 수가 있었다. 계장 대우로 입사해서 과·부장을 거쳐 이사로 승진했는데 6년 걸렸고, 이사에서 7년 만에 대표이사 사장이 되었으니 승진 사다리를 빨리도 올라간 셈이다.

한데 승진 사다리를 빨리 올라가는 것은 좋은 것만이 아니다. 그 정점은 늘 위태롭다. 그 자리를 차지하려는 도전이 끊임이 없고 언젠가는 내려가야 하기 때문이다. 그 자리에서 내려오는 것은 담배 한 대 피울 시간이면 충분하다. 임기라는 규정 때문이기도 하고, 오너의 재신임을 받는 데 실패해서이기도 하다. 연임에 실패해 퇴임하는 것은 허무하리만큼 쉽고 일방적이다.

나는 고속 승진으로 최고경영자 자리에 올라가 보았고, 연임의 기쁨도 여러 번 누렸기 때문에 사다리 오르내리기의 애환이 얼마나 극적이고 변화무쌍한가를 잘 안다. 내가 신문기자, 교사, 교수 등 좋은 직업을 포기하고 가족 부양을 위해 대우가 월등히 나은 기업을 택한 이유인데, 나로 하여금 기업에 일생을 맡기게 만든 것이 드라마 같은 '도전'이었다. 그 대상 중에 승진 사다리도 포함된다. 그 시절을 생각하면 지금도 가슴이 띈다.

우리를 슬프게 하는 것들

나를 슬프게 하는 것들이 다른 사람에게도 다 그렇다고 할 수는 없을 것이다. 가치관이 다르고 판단 기준이 다르며 금도(禁度) 또한 다를 것이기 때문이다. 차라리 나의 비판적 시각이 지나쳐 내가 한심해하는 일들이 다른 사람들에게는 별로 거슬리지 않는다면 다행이다. 그러나 만약에 내 판단이 다른 이들의 그것과 같아서 동감을 얻는다면 이건 심각한 사회적 아노미의 만연으로 우려해야 할 것이다.

어느 아프리카의 내전(內戰) 현장에서 미국 종군 사진기자가 포연이 채 가시지 않은 마을 길바닥에 방기된 어린애를 발견하고 그 절박한 모습을 촬영했다. 그는 그것으로 큰 상을 탔다. 그러나 그는 카메라 셔터만 눌렀을 뿐 그 버려진 어린 생명을 그대로 둔 채 아무런 도움의 조치도 취하지 않고 가버렸다. 인면수심(人面獸心)이 특종 피사체로 이용하고 지나친 그 어린애는 십

중팔구 죽었을 것이다.

비록 낡아 허물어져 가는 잔사(殘寺)일 망정 거기서 울려 바람결에 실려 오는 풍경소리조차 사파의 번뇌를 씻어 불전에 절하고 싶은 마음을 일깨우는데, 쌓인 눈이 무거워 졸가리 부러지는 소리조차 만산에 울리는 빈 숲으로 녹음한 염불 소리가 하이 데시벨로 울린다. 어쩐지 겨울 산이 더욱 삭막해진다. 무엇 때문에 염불 공양을 스피커에다 걸까 귀가 씁쓸하다.

세도가에 초상이 나면 고가의 조화가 꼬리를 물고 들어온다. 영안실에서 넘쳐난 조화는 바깥 복도에 즐비하니 도열한다. 고인 생전의 공덕을 추모하거나 유족들을 위로하자는 애도의 표시도 경쟁적이다. 그리고 발인하자마자 인부가 화물트럭을 대고 그것들을 화물칸에 아무렇게나 내던져 싣는다. 아직 싱싱한 꽃꼭지가 마구 꺾이고 꽃잎이 으스러진다. 꽃송이도 조문객 리본도 버려진 쓰레기일 뿐이다. 불과 얼마 전까지만 해도 문상객들의 시선을 받았던 조의가 저리도 흉하게 쓸려 버려지다니 저게 바로 꽃의 삼일장인 것 같아 괜히 쓸쓸해진다.

게임을 즐기기 위해 컴퓨터를 클릭하는 데는 몇 시간이고 펄펄 나르고, 단어를 골라 장문의 문자 메시지 치는데 이골이 난 청소년들이 그 손 가지고 생선 가시를 발라 먹는 건 귀찮아한다.

손이 그렇게 제 편하고 좋은 것만 다룬다면 노동하는 손이나 장인과 달인의 손으로 철들기는 어려울 것이고 생선을 잡고 구워 주는 부모한테 생선 가시 한 번을 진정으로 발라 주지 못할 것이다. 그런 손이 사라지는 식탁은 처량맞다.

출근길 콩나물시루 지하철 객차에서 발을 밟혔다고 낸 화가 도화선이 되어 급기야 멱살잡이 싸움으로 번졌다. 그 출근 전쟁에서 이런저런 불유쾌한 일을 당하면서 신경이 날카롭게 곤두서지 않으면 부처다. 사소한 일에 감정이 상해 마음속에 세모꼴 쌍심지가 수시로 돋았다 사라지는 게 당연하다. 그렇다고 화를 드러내 멱살잡이까지 하는 건 꼴사나운 추태다. 마음을 상하게 만드는 일들이 지천인 저 도시의 정글에서 그러고서야 견딜 수가 없을 것이다. 밟은 사람이나 밟힌 사람이나 다 측은한 중생인 것을.

어느 촌부가 외양간을 수리하느라 집 근처 산에서 나무 몇 그루를 벌목해 썼다가 구속됐다. 어느 높으신 나리는 그린벨트 내에서 버젓이 음식점 영업을 해도 끄떡없다. 감옥에 갔다 오고도 장관도 하고 신이 부러워하는 직장에선 형님 아우 하며 다정하게 예산을 나눠 먹는 판에 녹비에 가로 왈(曰)도 법은 법이라서인가 위법에 대한 지식이 부족한 촌부한테는 정상 참작도 가당찮은지 가차 없이 치도곤을 먹인 게 얄밉다.

담뱃불을 빌리자는 중학생이 하도 기막혀 나무랐다가 노인이 얻어맞는 봉변을 당했다. 그 후레자식을 지켜본 사람이 거기에 있었다면 어찌 그 지경이 되도록 방관했나 경악할 수밖에 없다. 요새 어른들에게 가장 무서운 게 무엇이냐고 물으면

질병과 빈 지갑과 억센 마누라와 함께 어른 대접을 할 줄 모르고 행패를 부리는 청소년을 꼽는다. 쇠약한 어른들은 저 강상이 무너지고 있는 세태를 향해 겉으로는 쓴웃음을 짓지만 실은 속으로 피눈물을 흘린다. 저런 후레자식들이 나중에 커서 아버지도, 국회의원도, 사원도, 기술자도, 신자도, 사장도 될 터인데 인간의 기본적인 윤리조차 지키지 못한다 생각하니 우리 사회의 미래가 암담하다.

어느 해 봄, 영국 버밍햄에서 나흘간에 걸쳐 '세계 애견 쇼'라는 개들의 잔치가 벌어졌다. 30여 개 국가에서 뽑힌 2만여 마리가 참가했다. 그 나흘간에 견공들이 싸제낀 개똥의 수량이 무려 4톤에 달했다. 전부 기저귀를 채웠을 리가 만무하므로 싸제낀 오물 양 또한 엄청났을 것이며, 거기서 풍긴 악취가 대단했을 것이다.

거기에 참석한 관객이 연인원 12만 명에 달해 개 구경을 위해 모인 열광이 가히 뜨거웠다. 그 상업 쇼에 들이고 오간 돈이 물경 수천억 원에 달했다.

그것은 어찌 보면 '비인간적 열광' 같았다. 그 대상이 개이고 열광거리가 개의 생김이고 차림이기 때문이다. 그토록 현대인은 구경거리에 굶주렸고 열광할 거리에 허발이 들려 사는 것이다. 그게 다 현대인, 특히 사람에게 뜨거운 사랑을 하지 못하고 이미지 멋대로 품은 대중스타에 헉하고 숨이 막히는 여성들의 풀 수 없는 애완욕망 때문인지 모른다. 저들 말마따나 '개가 사람보다 더 좋다'며 그렇게도 닭살 돋게 애완에 몰입하는 건 인간에 대한 모욕이 아닐까 싶다.

  사람이 짐승과 다른 것은 인정이라는 측은지심을 가지고 있는 것인데, 굶주리고 병들고 다친 이들에게는 단 몇십 달러의 자선금을 기부하지 않으면서 애견한테는 수천 달러를 푼푼하게 쓰며 행복해하는 건 슬픈 이기주의일 것이다. 애완견 목욕을 시키면 즐거워도 남편 발을 씻겨 주긴 싫은 아내와 개 발톱은 지성으로 깎아 줘도 아버지 발톱은 쳐다보지도 않는 딸이 늙은 반려가 되고 한 남자의 아내가 된다면, 권위가 시든 늙은 남편은 애견한테 아내의 무릎을 빼앗길 것이며, 밥벌이에 허덕이는 일꾼 남편 또한 개한테 진종일 아내의 그것을 내주게 될 것이다. 저 아니 슬픈 그림이 아닌가.

틈새

어두컴컴한 감방 안으로 한 줄기 햇빛이 들어온다. 갇힌 죄수에게 그 빛은 희망이다. 반가움에 눈이 젖는다. 일찍이 그토록 한 줄기 햇빛을 반긴 적이 없으며 그토록 소중하게 여겼던 적이 없었다. 송곳을 세울 틈이 없다 함은 송곳에는 희망이 없다는 의미다. 책을 읽을 틈이 없다면 읽을 겨를이 없다는 의미로 기회를 타지 못하는 것이다. 친구 사이에 틈이 생겼다면 그건 불화를 의미한다. 벌어진 틈새로 우정과 믿음이 샌 것이다.

벽감(壁龕)은 반듯한 거실 벽에 낸 이단적인 공간이다. 정상과 비정상 사이의 틈새 공간이다. 그것은 그림을 거는 대신에 화병이나 도자기 같은 작품을 전시하는 공간이다. 틈은 여백 같아서 정상과 비정상 사이의 여유 같다.

그런 여유가 숨어있어 질식할 것 같은 상황에 숨통이 트이는 것에 흔히 틈새시장이라는 게 있다. 그 치열한 시장에 비집고 들어가 판매를 할 수 있는 기회의 시장이 있다는 건, 해서 정면 경쟁을 벌일 수 없는 신참 경쟁자도 그 틈새시장을 발판으로 시장에 데뷔할 수 있음은 공존·공영의 미덕이다.

 소니가 경영이 부실하여 고전할 때였다. 사장은 출퇴근길에 종종 사념에 빠졌는데, 그건 팽팽하게 날 선 기존 시장이 아닌 틈새시장이 있어 그 시장에 신제품을 팔았으면 좋을 텐데 혹시라도 그렇게 팔릴 제품이 없을까 고심했다. 그런 강자 간의 중립지대 같은 발판이 없다면 신참 경쟁자들은 부득이 시장 본진으로 쳐들어가 생사의 결전을 벌이게 된다. 그러므로 틈새시장은 시장의 자연스러운 경쟁에 기여한다.

 어느 날 원할 때 언제고 음악을 들을 수 있는 방법이 없을까 하는 생각이 들었다. 그 필요에 의해 찾은 게 휴대용 소형 라디오였고 그것을 개조한 게 워크맨이였다. 처음엔 중역진조차 그것의 상품화에 회의적이였다. 그러나 워크맨은 공전의 히트 상품이 되어 소니를 부실화의 늪에서 구했다. 그 상품은 단일 상품으로 역사상 제일 많이 팔린 기록을 세웠다. 틈새란 결코 무의미한 게 아니다.

 불꽃 튀기는 격한 언쟁이 벌어졌다. 날 선 말의 칼날이 상대방의 말이며 체면을 가차 없이 자기 멋대로 자르고 가로막는다. 그대로 두었다가는 대화는 끊기고 사단은 벌어질 것이다. 거기에 마련된 냉수 한 잔을 마시면서 이성으로 열기를 식혔던들 불행한 사고는 일어나지 않았을 것이다. 한 잔의 물을 마실 여유란 시간의 틈이었다. 피차 내 주장만 고집하여 밀어붙인다면 타협의 여지는 없을 것이다. 타협의 여지가 없는 담판은 깨지기 쉬운 것으로 완벽함보다는 오히려 허술한 빈틈이 더 요긴하다. 아무리 뛰어난 등반가라도 직각에 가까운 석벽(石壁)을 오를 때는 이용할 수 있는 옹두라지나 뿌다구니 등 스탠스가 있어 발이 미끄러지지 않도록 그곳에다 발가락을 디뎌 버티고 손가락으로 암벽 틈새를 잡거나 가늘고 긴 틈새인 슬리트를 잡아 추락을 막는다. 말하자면 암벽 등반의 성공 여부나 등반가의 생사 여부가 틈새를 어떻게 이용하는가에 달려있다.

  지루한 장마가 2주간이나 계속되고 있다. 기압의 불균형이 심해 찬 공기와 뜨거운 공기가 부딪쳐 큰비가 퍼붓더니 여기저기 물난리가 났다. 수재민이 기천 명이란다. 볕뉘가 잠깐 든 틈에 매미가 운다. 기진한 소리가 장마에 어지간히도 시달렸던가 보다. 비가 내리면 날개가 젖어 날 수가 없으므로 판판이 굶은 채 볕들 때를 기다린다. 날개가 젖으면 울지 못함으로 교미할 기회를 찾아 나설 수가 없다. 해서 비가 잠깐 동안 그치고 해가 비치는 볕뉘 들기를 고대하는 것이다. 그러나, 아뿔싸, 반색한 볕뉘는 곧 이슬비에 묻히고 매미는 더 이상 울지 않았다.

기욕(嗜慾)

　인간 누구에게나 있는 기욕이란 무엇인가. 기욕의 기(嗜) 자를 가만히 들여다보면 그 구성 낱자가 재미나다. 입(口)이 노인을 날마다 종일 즐겁게 만든다는 의미로 즐길, 좋아할 '기'를 구성한다. 입으로 하는 일이 먹는 일이요 말하는 일이고 숨 쉬는 일일진대 그걸 즐기는 차원에서 한다면 음식을 맛있게 먹고 대화를 즐긴다는 것이니 심신이 다 건강한 사람이다. 예나 지금이나 식사와 대화를 즐기는 것은 변함없이 인간 욕망의 첫째이고 애물단지이다. 맛있는 식사가 행복인가 하면 사단의 진원이고, 대화가 온기(영혼)의 교환인 소통인가 하면 온갖 갈등과 반목의 빌미이기도 하다.
　그런데 왜 하필이면 즐길 '기' 자에다 노인 '노(老)' 자를 넣었을까? 치아가 부실해 아무거나 마음대로 먹을 수도 없고, 하고 싶은 말을 다 할 수도 없으니 먹고 말하는 것을 즐기는 즐거움은 노인 몫이 아닌데 말이다. 그런데도 늙어서 잘 먹고 대화를 즐긴다면 그런 노인이야말로 행복하다 할 수 있다는 취지일 것이다.

식사를 유별나게 즐긴 사람은 동서양에 유명한 인물이 많다. 미국의 어느 대통령은 고급 포도주를 곁들인 잘 차린 식사를 하는 걸 행복으로 여겨 너무 즐긴 나머지 과식과 과다영양으로 병을 얻어 일찍 죽었다. 프랑스의 유명한 사회학자인 프리에가 말한 만족한 삶의 요건에는 하루 다섯 끼의 식사가 들어있었다.

대화가 기욕인 삶을 산 위인들은 많다. 그 대표적인 인물이 공자다. 그의 일생을 보면 평생을 세객(說客)이나 스승으로 주유천하 하며 말로 가르치고 설득했다. 고대 그리스에는 아리스토텔레스가 꽃피운 수사학이 있어 말의 설득을 지향하는 담론 생산을 이끌었으며 소요학파를 탄생시켰다. 기욕이 발효하여 한 학문의 장르를 창조하다니 기욕을 흔한 욕망의 충동질에 동원할 게 아니다.

기욕은 좋아하고 즐기려는 마음으로 뭔가를 가지거나 하고자 간절하게 바라는 욕망과 다르다. 옛 성현이 이르기로 기욕이 많은 사람은 천리(天理, 자연의 도리)와 먼 것이고, 기욕이 적은 사람은 도(道)에 가까운 사람이라고 했다. 기욕은 감정에 일어나는 탐심으로 정욕이나 애욕 같은 것이 있는 욕망과 다르다. 불가에서 말하는 삼계(三界)의 하나인 욕망의 세계 욕계(欲界)는 식욕, 음욕, 수면욕 등이 있는 본능적인 욕망의 세계이다.

그런데 공자는 경계하기를 소년 시절에는 혈기가 예측불허임으로 색(色, 여자)을 경계함이 마땅하고, 장성해서는 혈기가 강장함으로 싸움을 경계해야 하며, 늘그막엔 탐심을 경계하라 했다.

인간이 기욕을 다룸에 있어 기욕조차 초월한 도에 가까운 사람을 경외는 하지만 따를 생각은 없다. 범인(凡人)의 삶이 그 도에 천착한 나머지 지나치게 그것에 가까이 간다면 그나마 삭막한 세상살이가 더 재미와 즐거움이 없어져 살맛이 사라질 것이기 때문이다. 기욕조차 버리고 도인처럼 산다는 게 결코 쉬운 게 아니다.

사람이 명리(名利)를 잊고 유유자적함을 '욕기(浴沂)'라 하는데 그것은 공자가 제자들에게 취향을 물었을 때 한 제자가 목욕 후 상쾌한 기분으로 전망 좋은 산에 올라 시가를 읊조리는 것이라 한 대답에서 유래한 말이다.

내게도 그것과 유사한 기욕이 있다. 어느 날 가벼운 옷차림에 삶은 달걀, 찐 감자, 양갱, 귤, 군오징어에 음료수 등 조치개를 싸들고 장항선으로 여행을 떠나는 것이다. 하루에 많아야 오가는 승객이 열 명이 채 안 되는, 해서 무료에 겨워 째지게 하품을 해대는 역무원이 반색으로 맞는 간이역을 찾아가는 여행이다. 역전다방에서 뽕짝을 들으며 다디단 커피를 마시면서 어릴 적 기차에 얽힌 추억을 회상하노라면 행복하다. 도시 생활에서는 좀처럼 누릴 수 없는 기욕이기 때문이다. 도시에는 그런 기욕 열차가 다니지 않는다.

애처로운 선(蟬)랑의 일생

무더위가 기승을 부리는 중복 무렵이면 기다려지는 귀한 손님이 있다. 그는 멀고도 먼 지하 암흑의 심연(深淵)에서 지상의 광명세계로 처음이자 마지막 여행을 오는 것이다. 처음이란 탄생을 말함이고 마지막이란 죽음을 의미하는데 생사가 분명하게 정해져 있기 때문이다. 태어나고 죽는 게 정해진 운명이란 애처롭기 짝이 없다. 허무하리만큼 박명한 것은 몇몇 해를 땅속에서 굼벵이로 웅크리고 있다가 또 몇 날 며칠을 지각을 뚫고 나와 탄생 목을 기어오르면 날개를 말려 날 수 있을 때까지 포식자 눈에 띄지 않아야 하는 절체절명의 위기를 극복해야 한다. 생존의 첫 리스크를 극복하면 지상의 그 어느 삶보다 치열한 경쟁을 시작해야 한다.

저토록 애달픈 일생을 살다 가는 주인공이 바로 여름 신사라는 매미이다. 지구상에 저것처럼 애벌레의 부화 기간이 긴 것이 없고 저것처럼 단명한 게 없다. 애벌레로 부화를 기다리는 게 길게는 십수 년인데 수명인즉 고작 보름에 불과하다. 겨우 보름 동안을 살기 위해 여러 해를 땅속에서 대기하다니 그 생명의 생사가 외경하기 그지없다.

매미가 보름살이 일생을 살 때 극복해야 하는 시련이 몇 가지가 있다. 그 첫 시련이 굼벵이에서 성충으로의 탈바꿈이다. 날 수 없는 굼벵이는 숲의 포식자들에게 좋은 먹잇감이어서 모든 먹이사슬의 이치가 그러하듯 매미의 생사도 날개가 마를 때까지 위험 속에 노출되는 것이다. 엄마 품에 안겨 탄생의 환희를 빛낼 터에 배고픈 포식자에게 한입거리로 쪼아 먹혀 길고 긴 포태(胞胎)의 염원이 물거품된다는 것은 알 수 없는 창조의 비정이다. 나무줄기를 기어오른 애벌레가 자리 잡으면 산송장처럼 움직이지 않고 날개가 마르기를 기다리는 우화(羽化) 리스크를 치러야 한다. 우화란 날 수 있는 완성을 의미한다. 포식자의 마수를 피할 수 있으며 원하는 곳으로 날아갈 수 있다. 생존의 힘과 자유로운 삶의 향유가 가능해지는 것이다.

매미의 우화등선(羽化登仙, 사람이 신선이 되어 하늘로 올라감)은 날개가 있어 가능하다. 날개는 평범하지 않다. 우화에 맞춰 발성기가 최고 성능이 되어 구애송을 부를 때 성량이 최고조에 이르고 초고속 비행이 가능해진다. 암컷은 구애송의 성문(聲紋)을 읽어 수컷의 고환이 탱탱하게 부풀어 만나는 정자마다 수태할 것이라는 사실을 읽는다. 성량 또한 성능 좋은 대면 통화 같이 선명한 상황을 전달해 준다. 갓 우화를 끝낸 수컷의 목소리는 싱싱하고 쩌렁쩌렁해서 능히 이 산 숲에서 저 산 숲으로 띄워 보내도 능히 고대하는 귀를 파고들었다. 고환이 다 비고 음성이 마른 수컷은 쉰 목소리를 내어 기력이 쇠잔되었음을 알린다. 매미가 비정상적으로 지르는 소리가 있는데 교미의 절정에서 내지르는 환희성과 다급하게 도망치며 내지르는 비명 소리가 있다. 매미들의 의사 교환은 생각보다 수준이 높다. 새벽 먼동이 트이기 바쁘게 매미가 우는데 측은하다. 뭔가 사정이 급한 것이다.

새벽 매미보다 석양 매미가 우는 게 훨씬 처량 맞다. 모두가 헤어져 제 둥지로 돌아가는데 목쉰 소리로 구애송을 부르면 어쩌자는 것인가. 그 처지가 안타까운 것이다. 그러나 곧 엄숙한 생각이 든다. 그 책임 완수 정신이 본능일지라도 고귀함에 감동을 느낀다.

거실에서 멍 때리고 있는 사이에 시야 속으로 검은 점 하나가 떠오른다. 나는 안다. 그것이 이맘때쯤이면 찾아오는 매미임을. 큰길 건너 대로변에 잇대어 깔린 산자락에 난 숲길을 십여 분만 올라가면 키 큰 아까시며 미루나무가 있어 매미들이 한여름을 게서 울고 가고는 했다. 해서 심심찮게 내 집 거실 창문에 와서 다리쉼을 하고 가는 것이다. 대개는 조용히 쉬었다 갔는데, 태어난 지 얼마 안 되는지 거실 안을 향해 목청껏 구애송을 부르는 놈도 있다. 그 헛수고가 안쓰러워 박수를 쳐 산통을 깬 적도 있다. 귀에 선 박수 소리에 놀라 줄행랑을 놓는 것이다.

올해는 중복 어름에 장마가 끼어 연일 날이 궂어서 매미 구애송을 들을 수 없어 답답한 여름을 보내고 있는데, 어제 이른 아침 볕뉘가 든 사이에 두 마리가 날아와 머물다가 하나는 얼마 후 날아가고, 다른 하나는 아기 울음소리가 끊긴 지 오래된 집인 줄을 알기라도 하듯이 내 집에서 자고 오늘 아침 느지막하니 떠나갔다. 그 길이 죽을 장소를 찾아가는 것이려니 짐작하니 속에서 뭔가 울컥 솟구쳐 올랐다. 그러나 올해도 잉태한 매미들은 숲 어딘가에 산실을 열어 산란하고 조용히 눈을 감아 치열한 일생을 마감할 것이다. 그 치열하고 외경한 일생을 최선을 다해 살고 간 진실함에 경의를 표하기 위해 이 수필을 지어 위로한다.

멋있는 정치가

한 나라가 살기 좋은 나라가 되려면 위정자가 멋있는 정치를 해야 한다.

옛날 중국의 전국시대에 소위 7웅(雄)이라는 나라들이 활거했는데 나라마다 자강 대책을 위해 고심했다. 나라마다 인재 구하기에 국력을 동원했으며, 인재가 국가 안위에 미치는 영향과 그들의 활동은 매우 컸다. 그 대표적인 일화 가운데 하나가 한비자(韓非子)의 출세담이다.

한비자는 전국시대 7 나라 중 한(韓)나라에 사는 평범한 지식인이었다. 그는 말더듬이에다 이렇다 할 경륜이 없었다. 그가 주목받게 된 동기는 그가 7웅 중에 가장 약소국인 한나라의 부국강병책을 작성해 한 왕에게 건의했다가 묵살당하면서부터였다. 그의 국가 보위 철학에 매료된 진나라 진시황은 한비자를 얻기 위해 전쟁을 일으켰다.

세계 역사상 군주가 초야에 묻힌 인재를 얻기 위해 전쟁까지 치렀다는 예란 아주 드물다. 한비자의 경우는 삼고초려(三顧草廬)를 해서 당대의 지모 귀재인 제갈공명의 출사를 성사시킨 유비의 경우보다도 훨씬 더 극적이다.

예부터 군왕이 인재를 얻기 위해서는 천거와 과거라는 시험을 이용했다. '형산(荊山)의 벽옥(碧玉, 초야의 인재)'은 캐서 다듬어야 빛나는 보석이 된다고 했다. 춘추전국시대에 할거하는 나라들은 살아남기 위해서뿐만이 아니라 부국강병을 위해 인재 영입에 힘썼다. 그만큼 영입한 인재가 한 나라의 생존과 융성에 끼친 영향은 컸다.

전쟁이 났을 때 덕망 있는 장군더러 겁쟁이라고 조롱한다면 아마 그 장군은 목이라도 매어 죽고 싶을 것이다. 로마제국 역사에 진실로 멋진 장군이 있어 나라의 존립이 경각에 달려있을 때 억울한 수모를 장장 10년간이나 견뎌내고, 결국 로마를 구한 멋진 장군이 있었으니 파비우스 장군이다.

한니발이 이끄는 카르타고군에게 로마가 함락될 위기에 처했다. 원로원은 서둘러 파비우스를 독재관에 임명하고 전쟁을 수행하라 맡겼다. 자부심과 명예심이 땅에 떨어진 로마인들은 로마군이 나가 싸우기를 고대했다. 그러나 그는 적군의 후방 보급로만 공격할 뿐 본진과의 전투는 피했다. 로마인들은 그를 겁쟁이라 조롱했다. 그러나 그는 소신을 굽히지 않고 지구전으로 적군이 지치기만 기다리는 지연전을 폈다.

자그마치 10년간이나 빗발치는 로마인들 비아냥과 수모와 비난을 참아가며 적이 지치기를 기다렸다. 결국 그가 믿었던 대로 국내 정세가 불안해진 한니발은 그의 지구전에 굴복, 철수했다. 그야말로 싸우지 않고 이긴 것이었다.

백성은 신망이 높은 정치가를 원하고 찾아 따른다. 신망(信望)이란 무엇인가. 그건 믿음과 덕망을 의미한다. 정치(가)는 믿음이 생명이다. 정치가는 국민한테 불신을 받으면 정치 생명이 끝난다. 높은 신망을 받는 정치 지도자는 상상하기에도 즐겁다. 존경심이 저절로 우러나온다. 반대로 불신이 깊어지면 지도자는 그 꼬락서니조차 보기 싫어진다. 그러면 희망이 함께 사라진다. 민주주의는 그렇게 썩는 것이다. 희망이란 곧 자유인데 그게 사라지면 힘이 빠지고 실의에 빠진다.

내가 존경하는 정치 지도자를 그리워함은 희망적 자유를 그리워하기 때문이다. 당최 요즈음 세상에는 도론(徒論)을 일삼는 요설가 정치인들이 너무 많아 사회적 불안과 사상적 혼란을 부추겨 불신을 조장한다. 신망받는 지도자가 잘 보이질 않는다. 그런 멋있는 정치 지도자가 왜 나오지 않나 모르겠다.

유쾌한 전복

늦깎이 유학이랍시고 미국에 머물던 여름이었다. 다정한 오지랖이 넓기로 소문난 C 교수가 여름휴가로 유명한 관광명소인 오자크 국립수목원으로 가면서 나를 비롯한 유학생 예닐곱 명을 합류시켰다. 그곳이 수목원이면서 신혼여행지로도 인기가 높았던 것은 거기에 광활한 숲뿐만 아니라 낚시와 뱃놀이를 즐길 수 있는 큰 호수가 있고, 카누 래프팅을 즐길 수 있는 큰 계천이 있기 때문이었다. 거기에다 C 교수 부인을 비롯한 음식 솜씨 좋기로 소문난 부인들이 동행하는지라 호수에서 잡아 올릴 생선으로 끓이는 매운탕을 먹을 수 있다는 질러먹는 입맛 다심이나 저녁 조치개 여흥으로 벌일 포커 게임이 여심(旅心)을 시나브로 들뜨게 했다. 이를테면 휴가인 셈이었다.

우리는 밥상 위에 즐길 거리 콘텐츠라는 산해진미가 다 올라가는 안성맞춤 휴가지 카누장에 도착, 나루턱이 있음 직한 물가를 향해 언덕진 아래로 내려섰을 때 눈앞에 전개되는 어수선한 광경이 사뭇 낯설었다. 사장에는 구명조끼로 보이는 주황색 물건들이 제멋대로 흩어져 있었다. 그런 데다 상상했던 것보다 시냇물은 차라리 강이라 할 만큼 컸으며 수심이 깊어 보였다. 가볍지만 공수병 증세가 있는 나에게는 대하처럼 보였다. 카누라는 것도 가관이었다. 쪽배 모양에 폭이 어찌나 좁은지 셋이 타고서는 물에 뜰 것 같지 않아 보였다. 그걸 셋에서 몰고 한 시간이나 급물살을 타고 가야 한다니, 수도 없이 전복을 거듭하며 물깨나 들이마셔야 한다던 말이 일말의 불안감으로 가슴을 짓눌렀다.

 한 시간 단거리 코스를 택해 매표를 마친 C 교수가 래프팅팀과 출발 순서를 발표한 다음 이어 각자 구명조끼를 입도록 했다. 나는 C 교수 부부와 한 조였다. 이윽고 첫 팀이 출발하면서 래프팅이 시작되었다. 우리 팀 차례가 되자 친구가 나를 고물에 앉히고 부인을 가운데 앉힌 다음 자신은 이물에 자리 잡았다. 카누가 뒤집히는 횟수를 줄이고 물살이 센 여울목을 무사히 통과하려면 래프팅 경험자가 길라잡이로 뱃머리에 앉아 키질을 잘해야 한다고 했다. 드물기는 하지만 래프팅에 익사 사고가 아주 일어나지 않는 건 아니므로 이를테면 무사 항해가 전적으로 뱃머리 키질에 달려있었다. 나는 물에 대한 두려움을 누르고 키질에 대한 그의 호언을 믿었다. 아니 믿을 수밖에 없었으나 그럴 만한 신뢰의 근거가 있었다. 동창일 뿐 친구가 소유한 재능에 대하여 별로 아는 바가 없는 내가 유학 초기 잠시 그의 집에 기숙하는 동안 그가 따듯한 심성을 지닌 팔방미인에 두루치기라는 사실을 목격하고 감탄한 적이 있었다. 그는 집이나 차의 웬만한 수리를 손수 했으며 골프나 포커 게임, 운전 솜씨가 뛰어났다.

그가 이번 휴가에는 카누 래프팅을 하자고 제안했을 때 솔직히 내키지 않았음에도 그 성의 때문에 차마 거절하지 못하고 저런 맥락에서 겨우 내가 맥주병이라는 사실을 실토하는 것으로 어설픈 주의를 유념시키고 동의했던 것이다. 그러나 과신의 함정은 곧 나타났다. 승선 출발 지점의 수면은 조용했으나 수심은 깊었다. 카누를 타는 게 처음이니 카누 래프팅은 보기가 처음이었다. 그럼에도 안전수칙에 대한 주의는 고사하고 내가 맡은 노 젓기 요령에 대한 아무런 설명이 없는 게 마음에 걸렸다. 그저 키잡이를 믿고 요령껏 노를 저을 수밖에 달리 보탤 게 없었다.

아뿔싸, 적당주의가 화근이었다. 무엇 때문인지 미처 짐작조차 하기도 전에 우리가 탄 카누는 불과 수 미터를 가서 갑자기 뒤집혔다. 우린 모두 여지없이 물속으로 곤두박질쳤다. 얼굴에 선듯하게 느껴오는 물기와 콧속으로 줄기 진 물이 빨려들면서 드는 알싸한 깊은 공포와 살아야 한다는 절박감이 동시에 엄습했다. 발끝이 밑바닥에 닿는다 싶은 순간 본능적으로 팔을 흔들어 저어대며 몸을 솟구쳤다. 그야말로 필사적이었다. 그리고 정말 거짓말처럼 몸이 붕 떠올랐다. 이를테면 내가 어머니 뱃

속에서 자력으로 포의(胞衣)를 벗고 산도(産道)를 향해 용틀임을 친 이후 최초의 살자는 발버둥이었다. 뻗은 손끝이 거의 수면에 닿을 즈음 눈앞에 친구 부인이 보였다. 무의식중에 팔을 뻗어 그미의 몸을 잡아 위로 밀어 올렸다. 장도리 주제에 가당치 않은 행동이었다. 후에 기억한 것이지만 그미의 몸에 나의 도움의 손길이 닿는 순간 난 자신감과 평온함을 맛봤다. 그건 정확히 내가 위기에 처한 고혼(孤魂) 같은 처지가 아니라는 안도감이었다. 먼저 뒤집힌 카누를 바로 세우고 손을 내밀고 있던 친구의 도움으로 제자리로 기어 올라갔다. 전복을 수습하는 동안 물살에 배는 계속 떠내려가고 있었으므로 우리는 조금 전의 끔찍한 파국에 대해 어떤 언급할 틈도 없이 키질과 노 젓기에 열중해야 했다.

그리고 이내 이물 쪽에서 내지르는 다급한 소리가 들려왔다. 급물살 여울을 만났다는 경고였다. 그리고 수 초 후에 배가 요동을 치나 싶더니 어어 소리 몇 번을 뒤로하고 배가 홀라당 뒤집혀 뒤죽박죽 물속으로 처박혔다. 그야말로 가장 순수하게 허무하고 가장 어이없게 무력한 꼴로 수장된 것이다. 다행히 수위는 배꼽 언저리라 서둘러 수습해 떠날 수 있었다. 떠나면서 자꾸 웃음이 터져 나온, 이물과 고물 간에 언쟁이 시작되었기 때문이었다. 공자님도 카누 래프팅을 하면 어느 자리에 앉든 뱃길 내내 말다툼을 하지 않을 수 없다고 하던 말이 생각났다.

한 시간여 노정 내내 전복이 반복되고 해결책에 아무런 도움도 안 되는 말싸움을 계속하며 이상한 변화가 일어났다. 말다툼이 격렬해지는 만큼 키질과 노 젓기가 호흡이 맞아 급물살 여울을 무사통과하는 빈도가 늘었으며 높인 언성에서 가시가 빠지면서 대신 웃음기가 섞이게 된 것이다. 그 탓으로 카타르시스라도 되었는가 속마저 시원했다. 자연히 강변 경치를 감상할 여유가 생겼다. 급물살로 굽이치는 여울목을 벗어나 배가 강변에 덜컥 코를 박고 멈췄을 때, 바위에서 해바라기를 하던 남생이들이 후다닥 물속으로 뛰어들고 뱃전에 걸린 나뭇가지에 물뱀이 척 늘어져 있는 광경에도 즐거워졌다.

사연 많은 신고의 인생 역정을 애면글면 살아낸 반려가 저승꽃이 핀 마른 손 잡고 추억의 모퉁이를 서성거리며 미소 짓듯 그러구러 종점에 도착하여 물에 빠진 생쥐 꼴로 카누를 내려 마주보면서 우리는 마치 약속이라도 한 듯이 일제히 파안대소하였다. 가슴 속에서는 뭔가 우중충하니 서 있던 격의의 완고한 벽이 와르르 무너지는 것 같았다. 매우 상쾌한 기분이었다. 그러나 나는 속으로 다시는 저 돌팔이 키잡이하고 카누를 타지는 않으리라 다짐했다.

투덜거리기

교회에선 투덜거림을 삼가라고 권유한다. 그건 불만스러워 짜증내는 것이므로 만일 그 대상이 사람인 경우는 사랑하라는 이웃을 미워하게 되기 때문이다. 그렇게 밖으로 비화되지 않더라도 마음속에 고이면 부정적인 의식을 조장할 소지가 될 것이므로 이로울 게 없긴 마찬가지다.

그러나 저 갈등이 빈발하는 복잡다단한 세상살이에서 투덜거리지 않고 산다는 것은 말처럼 쉽지가 않다. 딱히 어떤 문제가 해결되고 갈등과 스트레스가 해소되거나 위안이 되어서 투덜거리는 것은 아니다. 그건 옛날에 어른들이 안타깝고 아쉬우며 때로는 못마땅해서 쯧쯧 혀를 차던 것 같은 행동이다. 요즘에야 자칫 쯧쯧 혀를 차다가는 무슨 시비에 걸려 봉변을 당할지 모르므로 대신에 혼자 투덜거리기라도 할 수 있어야 할 것이다.

갈수록 사람이 지켜야 할 도리가 무너지고 염치가 사라지는

데도 오히려 질정(叱正)의 소리가 들리지 않게 되었는데, 세상엔 쯧쯧 혀라도 차지 않고서는 참을 수 없는 일들이 너무 많이 벌어지고 있다.

성서에서는 마음속으로 형제를 미워해서는 안 되나 그들의 잘못을 서슴없이 꾸짖으라고 가르친다. 이웃을 미워하지도 그렇다고 이웃의 잘못을 꾸짖지도 못하는데 투덜거리는 것조차 할 수 없다면 숨이 막힐 것이다. 성직자가 운전 중에 난폭한 운전자한테 위험한 짓거리를 당하고는 너무 화가 나서 차마 욕은 못 하고 불쾌하게 투덜거렸다면 그걸 성직자답지 못하다고 말할 순 없을 것이다.

무엇인가에 대해 아쉽고 안타까운 나머지 투덜거린다는 것은 관심이 없으면 할 수 없는 것이다. 과거에 "만수산(萬壽山) 드렁칡이 얽혀진들 어떠하리" 하며 번뇌에 찬 세상사에 초연하게 살자는 말이 왜자한 때가 있었다. 또 "남이야 똥장군을 지고 택시를 타고 가건 말건 무슨 상관이냐"며 남의 삶에 오불관언하여 살라고도 했다. 저렇게 산다는 건 투덜거릴 필요가 없이 싫으면 외면하고 귀를 막고 살면 된다는 주의다. 개별화가 심화되는 도시 사회의 전형인 극도의 이기주의의 행태인 것이다.

한데, 세상사가 온통 도리와 질서를 떠나 명리만 따라 제멋대로 얽어져 돌아가는데도 무관심하게 수수방관만 한다면 그 사회는 더욱 혼란스러워질 것이며, 이웃이 똥장군을 지고 택시를 탈 정도로 마음대로라면 도저히 오불관언 할 수가 없을 것이다.

그러므로 이웃을 향해 투덜거릴 줄을 모르는 사람은 관심이 없는 것이다. 그 무관심이 쌓이면 인간다워지는 한 요체로 인의 실마리가 되는 '측은지심'이 마르게 된다.

세상사에는 악의가 없는 질정이 반드시 필요하다. 주인의 생명까지도 좌우하는 달리는 말에다 굳이 날카로운 이빨을 박아 대는 박차를 가하고, 사랑하는 자식의 정진을 독려해 부모가 채찍을 치는 편달을 아끼지 않는 이유란 무엇인가. 그건 더 나은 질주와 더 알찬 향상을 위한 것이다.

사실 투덜거림이 사라지면 그보다 차원이 높은 질정도 함께 사그라지는 것이다. 투덜거림을 쯧쯧 정도로라도 표현해 낸다면 아주 미미한 각성의 한 자락이라도 건드릴 수 있을 것이다.

옛날 강상의 서슬이 살아 있을 때는 어른의 저런 소리 한 번에도 깨달음과 바로잡힘이 이뤄졌었다. 지금에 저러지 못하는 것은 교회 안에서 기도할 뿐 투덜거리지 못하게 가르치기 때문이며, 저런 어른들의 관심과 용기가 사라졌기 때문이다. 정당하게 투덜거리지 못하고 속으로 삭이려 들기만 하면 나쁜 스트레스가 쌓여 정신건강에 해로울뿐더러 자꾸 눈에 거슬리는 세상사나 이웃에게 정나미가 떨어져 관심과 애정을 잃게 될 것이다.

증오라는 칼을 품지 않는 한 투덜거림을 공연히 불건전하게만 여길 게 아니지 않은가 싶다.

5부

울지 못하는 쇠북

다산의 인(仁)을 읽다

　다산 정약용은 놀라운 예지의 선각자로 참으로 파란만장하나 위대한 일생을 산 태산 같은 스승이었다. 신새벽에 그 시각이면 어김없이 들려오는 까마귀 우짖는 소리를 들으며 다산 선생의 일대기를 상고해 본다. 아마도 동트기도 전에 지저대는 저 까마귀는 가난한 살림을 잘도 꾸려가는 어미일 것이다. 새벽마다 들리는 저 우짖음은 궁금증을 자아낸다. 먼동이 트기도 전에 일어나야 하는 사정이라도 있다는 건지 잠시 신경이 쓰인다.
　저 어지러운 바깥세상 때문에 답답해지면 다산 선생이 생각난다. 그가 그렇게도 오랜 유배 생활을 하면서도 임금을 원망하지 않고, 자신의 억울한 운명을 비관하지 않았으며, 실의에 빠지지 않았고, 오히려 초인적인 열정과 자중자애를 불태워 일대 변혁을 단행한 사회와 나라와 삶을 저서에 담아 세상에 알리는 헌신의 여생을 보냈다. 그런 삶이란 그가 사람을 향한 사랑이 곧 인이라는 조선 최고의 경학자였기 때문에 가능했을 것이다.

그가 산 세상이 어지러웠고, 그가 산 일생은 훨씬 더 파란만장했다. 그는 고생스러운 오랜 유배 생활에도 불구하고 심신이 건강하여 당시로는 장수하여 일흔여덟에 돌아갔으며, 갇혀 지낸 세월을 위대하게 승화시켜 물경 5백 권이라는 믿기 어려운 저서를 창작했다. 그는 시대 변화에 부응하여 '삼정개혁(三政改革)'을 부르짖었는데 그런 사상의 요체가 저 명저인 《경세유표》와 《목만심서》 같은 저서를 낳았다. 그처럼 귀양살이 중에 위대한 변신을 한 예가 역사상 없었다.

그에게서 발견되는 또 다른 경이는 그의 언행에서 빛났던 인간미였다. 그의 덕성이 내보인 인의 백미는 제자 사랑이었는데, 17세 수제자 황상(黃裳)에게 쏟은 사랑이었다. 그가 학질에 걸려 비몽사몽 지경인데도 손에서 책을 놓지 않는다는 소식을 듣고 다산은 학질 끊는 노래를 지어 제자에게 보냈다. 따듯한 인정이 담긴 시를 읽고 제자는 눈물지었다.

경학(經學)을 공자가 창시하고 주자(朱子)가 관념의 세계에서 꽃피웠다면, 조선 최고의 경학자인 다산은 행동의 개념을 정립했다. 경학의 중심사상이 '仁'으로 인은 곧 '人', 사람이라 했다. 주자는 인이란 사랑의 이치요 마음의 덕이라고 했으며, 다산은 임금과 신하, 남편과 아내처럼 두 사람이 서로 관여되는 것, 즉 사람을 향한 사랑이라고 했다.

그의 나라 사랑은 조용하나 뜨거웠다. 그가 산 18세기 후반부터 19세기 초반에 이르는 시기는 봉건사회 체제의 와해 시대였는데, 그가 유배지에서 몰두한 일은 저술이었다. 그의 사상과 저술의 요체는 '개혁'이었다. 그의 나라 사랑은 곧 인이었다. 인의 행동화는 방대한 저술이었다. 그건 인정 어린 질책이고 설득이며 훈고(訓詁)였다.

안타깝게도 오늘날 사회를 향한 우레와 같은 질정이 울리지 않고, 그걸 경청하는 귀도 보기 힘들다. 젊은이의 귀가 흥겨운 소리를 지나치게 좋아하고 입이 설익은 말을 아무렇지 않게 내뱉는 무례한 시대가 되었다. 장차 세상에 나가 이 나라를 책임질 때 힘을 줄 역사나 철학이나 문학의 인문이 길을 달려갈 새싹들이 제 스승이나 이웃 노인을 가리켜 꼰대라 비아냥대며 성장한다면 그 새싹의 순수한 기상은 왜곡될 것이다.

인은 곧 사랑이고, 사랑은 배려하고 존중하는 것이다. 배려함은 상대의 사정을 살펴 그 입장에 서 보는 역지사지하는 친절로 그렇게 하기 위해 상대의 말을 경청하고 생각을 고려하여 이해하는 것이다. 또한 상대를 존중함은 예의를 지켜 대하는 것이고, 그 주장을 성의 있게 고려하며 그의 정당함과 옳음을 동조하는 것이다. 그러한 배려와 존중이 있는 관계는 소모적인 다툼을 없애고 대화의 보람을 넘치게 하여 원만한 합의나 동의에 이르게 한다. 인이야말로 인간관계의 강한 동력이고 아름다운 활략이다.

노인천국의 겨자씨 보람

　노인천국이라는 표현은 노후살이 행복하기가 천국의 그것이나 진배없다는 과장이다. 과연 그럴까. 노쇠함은 하루가 다르게 정신과 육체가 망가지는 것으로 어느 날 내복을 갈아입느라 알몸을 내려다보다가 깜짝 놀라 심한 충격을 받는다. 그렇게도 튼실했던 넓적다리가 나무젓가락처럼 마른 것이다. 그런 목격은 슬프고 비참한 발견으로 애써 외면해 온 노쇠현상을 비웃듯이 고통스러운 일침을 가하는 것이다.
　내가 30년 가까이 붙박여 살던 집을 서둘러 팔고 서울 근교 실버타운으로 이사한 것은 아내를 잃고 혼자 노후생활을 하기 힘들어서였는데, 막상 살아보니 좋고 싫은 점이 많음을 알게 되었다. 잡다한 가정사를 털어내 삶의 번거로움에서 벗어난 데 비해 외톨이를 파고드는 고적감은 손이 미치지 못하는 등짝의 가려움 만큼이나 괴로운 것이다. 이사한 지 얼마 안 되어 여기가 노인천국인지는 모르지만, 단박에 실감한 건 여기가 '노인 천지'인 데란 것이다. 강당처럼 넓은 식당에 촘촘히 앉아 식사하는 노인들은 식욕이 왕성하다. 모자를 쓴 노인들이 적지 않은데 대머리를 보이지 않으려는 고충이 예의를 도외시한 것이다. 그런 류의 서글픈 은폐는 여반장이다.

 이 아파트 단지의 노인들은 저런 유의 은폐나 속 빈 가장을 무시하고 신명 나는 반란을 일으켜 노인천국을 지향했다. 그건 동호인회(同好人會)다. 우선 그 수가 80개에 달한다는 게 놀랍다. 그런 사교클럽이란 뭉치기도 어렵거니와 그 운영이 결코 쉽지 않기 때문이다. 내가 그 소개받은 첫 클럽이 '마사모'라는 것인데 그건 '마작을 사랑하는 모임'의 약자로 일테면 마작이라는 도박하는 모임이라는 것이다. 그러나 소개받는 순간 찜찜한 느낌보다는 의외라는 강한 호기심이 들었다. 아니나 다를까 첫 상견례에서부터 신선한 인상을 받았다. 회원이 24명이나 되어 6개 팀이 짜여 네 개의 테이블에서 마작 게임을 벌인다. 한데 회원의 8할이 여성인데 대부분이 60대 중반에서 70대 중반이다.

 내가 마작 관련해서 처음으로 충격을 받은 게 한일 합자 기업의 대표이사로 일본 측 파트너를 만나러 동경에 출장 중이었을 때인데 우연히 퇴근하는 직원들을 따라 간 곳이 마작방이었다. 그때 난 마작 게임이 샐러리맨들의 피로나 스트레스 풀이에 명약이라는 인상을 받았었다.

 마사모에서 저와 유사한 인상을 받은 것이다. 좋은 인상은 계속되었다. 예컨대 게임에 걸린 상금이 바가지를 홀랑 써서 꼴찌를 해도 그 액수가 천 원짜리 한 장이니 도박꾼들이 들으면 장난하는 거냐고 혀를 찰 것이다. 그러나 놀라지 마시라. 그 천 원짜리 한 장의 위력인지 동호인회에 대한 애착인지 아니면 도박성에 대한 본능적 이끌림에서인지 게임을 하는 태도가 의외로 아주 진지하고 경쟁적이다.

한 가지 예를 든다면 게임판에서 일어나는 소리가 만화경이라는 사실이다. 패가 섞이며 내는 사각거림, 뜻 모를 중얼거림의 시작, 이길 판을 짜는 고심이 물어 내뱉는 치간음, 요긴한 패를 떠오지 못해 운을 탓하는 비운의 한숨 소리, 돌연히 들리는 불길한 '뻥' 하는 대포 소리, 누군가 "엎어" 하며 기세등등하게 13전사(패) 횡대를 닌다. 동시에 판이 살얼음판으로 변하고 경계 서치라이트가 번뜩이는 침묵 속으로 긴장의 샘에서 저절로 솟는 마른침 삼키는 소리가 무정하게 교차한다. 그리고 드디어 엎은 게이머(gamer)가 "그러면 그렇지! 훌라!" 기쁨이 넘치는 승전고를 외치고는 패를 힘껏 내려치면서 엎어 놨던 13개 승리전사 열을 뒤집어 뉘고 그 용이 살아 승천하는 데 꼭 필요한 눈알 자리에다 그 패를 꽂는다. 그 순간 나머지 세 경쟁자는 모든 게 도로아미타불이 되어 패자의 고배를 마신다. 그때 승자의 의기양양해하는 소리에 채여 패자 진영에선 한탄, 자책성 후회, 부러움이 질투하는 19세기형 일진 매도, 맥 빠진 손으로 돈 서랍을 열며 힘없이 "나 거덜 났어!" 뇌까린다. 그리고 남이 모를 내용을 꿰는 사설식 투덜거림이 시작된다.

　4개의 테이블에서 저런 소리가 계속 나 게임 하는 3시간 동안 좁은 실내 공간에서 뭉쳐 돌아다닌다고 상상해 보라. 그렇게 된 맛을 보고도 물러서는 법이 없이 이튿날 같은 시간에 단 한 사람도 낙오 없이 전원이 출석해 또 경쟁을 벌인다. 어제의 아쉬운 패배는 흘러갔고, 오늘의 기쁨은 희망 속에 잉태되어 영글고 있는 것이다. 저들의 행복은 현재라는 주머니에 담긴 시간은 그렇게 영글고 피어난다.

　어느 날 우리 단지 안에 있는 한 동호인회 방을 방문했을 때 목격한 노인천국 정경이 나의 호기심을 자극해서 나를 꿈꾸게 만들었다. 실내로 들어서는 순간 한 가닥의 잡음도 들리지 않아 빈방인 줄 알았다. 대신에 기척을 따라 일어선 시선이 일제히 나를 향해 건너왔는데 뭔가 침묵의 심연에 고여있는 향기가 묻어왔다. 그리고 소개 인사가 끝나자 미소가 걸린 시선을 거둬 가고 침묵 모드로 돌아갔다. 어림짐작으로 거기에는 예닐곱 명의 노온(老媼)들이 있었는데 모두가 일에 열중하고 있었다. 재봉틀을 돌리고, 가위로 천 마름질을 하는가 하면 나머지 전부가 꿰매고 수를 놓는 바느질을 하고 있었다. 바느질이라니 갑자기 조선 시대의 〈조침문(弔針文)〉을 떠올리게 했다. 세상에 기계문명이 민간인의 우주여행을 대중화하려고 하는데 수예 공방이라니 신선한 호기심이 발동했다.

　〈조침문〉이 부러진 바늘을 애도하는 것이라면, 그곳에서 벌이는 바느질 작업은 기쁨을 생산하는 수고의 작업인 것이다. 거기에서 바느질하는 안노인들은 수예를 배운 적이 없거니와 가정을 꾸렸으나 바느질을 한 적이 없다고 하니 그 공방은 유별난 동호인 공동체인 셈이었다. 그런데도 바느질하는 태도나 분위기가 눈길을 잡고 놓아주질 않았다.

더 놀라운 것은 저들이 모두 동호인회의 회원이라는 사실이었다. 그리고 저들은 애시당초 바느질을 할 줄 몰랐다는 것이다. 그리고 더욱 놀란 것은 저들이 만들고 있는 수공예품이 동남아 오지에 보낼 선물 주머니형 책가방으로 벌써 수백 개의 가방이 전달되었다고 했다. 마름질과 박음질이 끝나면 꿰매고 간단한 수를 놓은 다음 마감 손질을 하는 데 모두가 전에 그런 작업 경험이 없이 그 모임에서 익힌 솜씨라 해서 감탄했다. 봉사정신이 미숙한 솜씨를 보완한 것이다.

가방 제조용 원단은 늘 빠듯한 기금을 아끼려고 서울 시내 원단 가게까지 가는데 그 정성에 하느님이 축복하시어 동호인회 후원자를 그것도 원단 가게 주인으로 만나게 해서 회원들이 너무나도 기뻐 바느질 봉사가 더욱 보람되다 했다. 그 협조자는 처음에는 값을 낮춰주거나 덤을 넉넉히 주거나 하다가 우연히 그 동호인회 활동을 듣고는 자기도 바깥 후원자로 참여하겠다며 원단을 기부하더니 그 얼마 후에 아예 무상으로 원단을 기부하는 후원자가 되었다고 했다. 참 그 동호인회는 작은 겨자씨를 심어 실로 여러 사람에게 큰 나무로 보람과 행복을 생산하고 있다. 그 천 가방을 메고 라라라 밝은 미소를 뿌리며 깡충깡충 뛰어갈 아이들을 상상하니 너무 기분이 좋다. 동호인회에 축복이 있기를!

일상의 만족

  일상(日常)은 매일의 흔적이다. 그 삶의 흔적은 또렷하게 찍히는데 행·불행의 색깔이 물든다. 인간은 그것을 향해 웃기도 하고 눈을 흘기기도 하며 때로는 불만에 차 걷어차는가 하면, 지친 하소연을 늘어놓기도 한다. 일상의 만족을 가지고 행·불행을 나누며 그것을 위해 갖은 노력을 다한다.

  공상적 사회주의자인 샤를르 푸리에가 행복한 삶으로 여겼던 일상의 만족은 이랬다. 즉, 배불리 먹고 자유롭게 성관계를 하며 12가지 수프에 빵과 포도주와 야채와 고기를 마음껏 먹는 식사를 매일 다섯 번씩 하는 것이라 했다. 얼핏 보기에도 만물의 영장을 자처하는 인간의 욕망치고는 지나치게 평범하고 동물적이다 싶다. 그리고 당대의 유명한 사회학자가 고작 행복거리를 식사 만족에서 찾는다는 게 인간의 자존심을 상하게 한다. 왜냐하면 그런 식욕이란 동물에게도 있기 때문이다. 푸리에가 동경한 일상이 다름 아닌 유토피아인지는 모르겠으나 다섯 번의 호화판 식사가 바로 만족한 삶이라는 등식이야말로 꿈의 상실인 오웰의 '디스토피아(Distopia)'이기 때문이다. 그런 식이라면, 가난한 청년이 피를 뽑아 팔아 밥을 사 먹고 만족한 경우 먹기 전은 디스토피아고, 먹은 후 만족한 위에게 유토피아일 것이다. 물론 저 학자는 그런 식사를 하지도 그리고 그렇게 만족하지도 않았다.

나는 일상의 만족을 생각할 때 만족보다 '일상이 쩔쩔매는 능구렁이 같은 무료함'에 대해 생각한다. 무료함은 마치 진드기처럼 일상에 달라붙는데 그러면 일상은 무기력하게 망가지거나 강제 사혈을 당해 기진하듯 기가 빠져 처지는 것이다. 무료의 동무는 선하품이라 했는데 나의 경우는 초조함과 급박한 요의(尿意)이다. 그것을 싫어하는 것은 나의 만족한 공상을 흐트러 놓을까 싶어서다. 지금 한창 상상이 사의(思意)의 옷을 입고 생각으로 우화(羽化)하려는 순간을 먹어치우는 것이 싫은 거다. 때문에 난 일상에 등장하려는 무료를 미리 제거하는 데 열중한다. 그 가장 좋은 방법의 한 가지는 그걸 잘 구슬려 산으로 데리고 가는 것이다. 산길을 갈 때 동행하는 무료는 딴판으로 변해있다. 그건 일종의 여유로운 한가로움이랄까, 잔뜩 움켜쥐고 있던 집착이랄까 뭔가를 벗어놓고 홀가분하게 어딘가로 걸어간다는 단순한 사실을 즐기는 것이다.

나는 무료함이 무엇과 단짝인가를 안다. 그건 상투(常套)적인 것이다. 언행이 판박이로 늘 같고 음욕과도 같은 잡념과 기독교도 살해를 위해 다마스커스로 가던 사도 바울의 회심(悔心)의 무위한 싸움 따위다. 그건 가뭄에도 무성하게 자라는 잡초 같아서 좀처럼 뿌리가 뽑히지 않는다. 해서 무료함의 흔적은 어수선하다. 그런 어수선함을 일소하는 것으로 산속을 걷는 것보다 더 좋은 데란 없다. 산속에서 멀어지고 숲속을 걷지 못하면서 나의 육체에서 기가 빠지고 영혼은 피폐해져 갔다.

솔직히 산행을 중지당한 이래 나는 불행했다. 그 불행하다는 생각이 침전되기를 네 해나 지속되면서 그간에 범접할 엄두도 못 냈던 우울증이며 짜증이며 불만을 쌓아두니 어느 날 그 속에서 죽고 싶다는 염세의 싹이 돋아난 것이다. 지금 나는 극심한 고통을 참으며 미뤄놨던 이 수필을 탈고하려고 그야말로 발버둥을 쳐대고 있다. 그건 호호야에게 해로운 집착이니 얼른 버리란다. 그게 그나마 사는 보람이고 재미인데 버리란다. 오죽하면 그런 것에 집착하랴 연민도 없이 그저 버리란다.

울지 못하는 쇠북

내 속에도 내 감장이 받히고 있는 금고(金鼓)가 있다. 어느 소리 연구가의 정의를 빌리면 "나는 듣는다. 그러므로 나는 존재한다"고 했다. 쇠북 소리는 영혼의 소리, 내가 존재하는 기척이다. 쇠북 소리는 소리를 매체로 하는 비언어적 소통으로 영혼의 온기를 울려 퍼뜨리는 것이다. 속세에서는 인경으로 파루(罷漏)를 쳐 성문을 여닫고, 사찰에서는 범종(梵鐘)으로 일상의 시종을 알렸다. 그러나 쇠북은 도량에서 신성한 법구(法具)로 쓰이면 영물이 되었다. 그 소리가 산 아래 멀리 중생들의 심금을 울리면 번뇌를 끊고 영혼들을 위로하고 교화하여 불심을 불러일으킨다. 그리고 모든 축생의 해탈과 고통 대신에 즐거움을 얻도록 돕는다.

나도 여느 사람들처럼 내 안에 종경(鐘磬)이라고도 하는 쇠북을 가지고 태어났다. 그것은 나의 일생을 동반하여 울었다. 때로는 나를 각성시키고, 때로는 지친 영혼을 위로하고 격려했다. 그러나 그것은 혼자서 울지 못한다. 누군가가 사랑으로든 미움으로든 두드려야 운다. 쇠공이가 되든 나무공이가 되든 누군가 그것을 들고 쳐야 비로소 품고 있는 소리를 낸다.

어릴 적엔 그것이 부모의 훈도라든가 스승의 사랑의 매라는 나무공이의 두들김에 잘도 울었다. 순수했던 그 소리에 지각이 깨이고 피가 뜨거워졌으며 꿈이 쑥쑥 자랐다. 내가 버거운 불의와 맞설 수 있었던 것은 순전히 나의 가슴 속으로 우레처럼 울리는 그 소리 때문이었다. 나는 갈등과 분노로 몸부림칠 때마다 영혼 구석구석으로 울려 파고드는 그 울림으로 진정시키고 위로받았다.

그런데 언제부턴가 내 쇠북이 제소리를 내지 않게 되었다. 처음엔 공이 탓이었다. 그렇게도 힘 있게 쥐어지던 공이가 잡히지 않았다. 다른 많은 것들을 잡느라 공이를 쥘 여지가 없었다. 그 공이를 밀쳐낸 것들이란 재물, 명성, 쾌락 같은 욕망의 사냥꾼들이다. 그것들이 일상에 수시로 나타나 현란한 우화의 춤을 추면 공이는 시나브로 잊혔다. 갈수록 공이는 녹슬고 쇠북은 늙었다.

그러다 어느 날 한 떠돌이 객승이 고적한 잔사(殘寺)에 나타났다. 주린 배에 점심 공양을 받고는 양지에 가부좌를 틀고 앉아 산문 위로 오가는 부운(浮雲)을 무아지경으로 바라보았다. 그는 비몽사몽 간을 들락거렸는데 그 시작은 차안(此岸)이고, 그 끝은 피안(彼岸)인 바라밀다의 길이었다.

그가 간경(看經)을 음송하며 피안으로부터 현실로 돌아올 때마다 늙어빠진 국장(國杖) 공이 삼아 휘둘러 쇠북을 두드리니 함묵의 오랜 세월 외로움에 지친 종경은 이게 웬 부처님의 자비인가 화들짝 놀라고 기뻐 소리 높여 울었다.

"부끄럽지 않게 당당하게 살아라!" 눈물이 그렁그렁하니 폐부를 활짝 열고 힘차게 외쳤다. 도량에 짙게 밴 탐욕의 악취와 속물들이 사치스러운 불사를 드나들며 더럽혀 놓은 사물들이 야코가 죽어 풀죽은 데를 향해 그 소리가 달려가 사정없이 때렸다. 범종은 멀고 먼 저승을 향해 장중하게 울리고, 법고는 방황하는 축생들을 향해 신명 나게 울었으며, 운장은 새들을 불러 모으고, 목어는 물고기들을 간질이며 웃었다. 객승의 인연 공이가 쇠북을 두드리니 그 유위(有爲)가 쇠북의 긴 침묵을 깨고 실로 오랜만에 제소리를 내며 울렸다.

"피안으로 도피하지 말라! 부끄럽지 않게 당당하게 살라!"

글꾼의 벙어리 냉가슴

 글문은 고달프다. 우리나라 문단은 거개가 운영이 애면글면 해서 작가나 제작 쪽이나 힘들긴 마찬가지다. 작가의 자존심을 생각하면 원고료를 주지 않는 글을 써서는 안 될 것이나, 현실은 그렇지 못해서 아예 받을 생각을 하지 않을뿐더러 줄 생각도 하지 않는 게 관례가 되었다.
 해서 이 일을 가지고 불편한 심기를 드러내 보이는 작가를 본 적이 없으며, 반대로 미안해하는 제작진 또한 본 적이 없다. 그렇다고 잡지사에서 아예 원고료를 주는 제도 자체를 없앤 것은 아니다. 왜냐하면 유명 작가한테 글을 받아내려면 고료를 주어야 하니까 말이다. 잡지 편집상 꼭 필요해 이름 있는 작가한테 청탁하려면 고료를 제대로 드려야 좋은 원고가 나오는 건 당연하다. 그러나 고료 한 번 받아보지 못한 늦깎이 신진 작가가 원고료 봉투를 받아보지 못한 채 원고를 넘겨줄 때의 심정은 그리 편치 못한 게 사실이다.

　제작진과 작가가 원고료 가지고 설왕설래 불편한 심기를 드러내 다투는 장면을 딱 한 번 목격한 적이 있다. 작가는 원고료가 없으면 작품을 줄 수가 없다고 버텼으며, 제작진은 낯간지러운 고료 없다는 소릴 차마 할 수가 없어 쩔쩔매듯 어리바리한 설명을 주워섬기고 있었다.

　작가는 한 치도 양보 없이 단호하게 'No Pay, No Essay'를 고집했다. 처음엔 그런 다툼이 있다는 사실 자체가 신선하다는 생각에 관심이 갔고, 문제를 삼은 작가를 내심 응원했다. 처지로 보아 나 역시 작가 편으로 동병상련하는 입장이라 내색은 하지 않아도 작가를 응원했다. 그야말로 껌값에 불과해도 좋으니 고료를 받아 아내 손에 쥐여주어 평범한 글쟁이도 먹고 살 수가 있음을 보여주고 싶은 충동을 느꼈다.

　결국 그 작가는 고료가 없어 작품을 보낼 수 없다고 거절했다. 작가가 고료를 못 받아 붓을 꺾었다는 사실이 마음이 아프면서도 신선한 느낌이 좋았다. 그 고집스러움으로 보아 신진작가인 것 같은데 시작부터 자존심을 세우는 데 그렇게도 당당하다는 태도가 마음에 들었다. 그리고 그런 작가의 작품은 얼마나 맛날까 궁금해졌다. 투고를 하고 책을 펴내면서 잡지사나 문단에 대해 듣고 목격하는 기회가 늘수록 그 형편을 알게 되면서 나의 연민은 쌓아리가 졌다. 문학잡지사의 작품집 발간이라는 게 문화 활동이자 사업이어서 문학과 비즈니스를 함께 조화시켜 운영해야 하므로 두 생존 요소가 조화를 이루는 게 보통 어려운 게 아니다. 이익에 치중하면 문학이 지저분해지고, 작품의 질을 높여 문학잡지로서의 무게를 높이려면 가난이 발목을 잡는다. 실인즉 우리네 순수 문학잡지는 작가들이 원고료를 포기하고 판매 수수료를 포기해서 지탱한다고 해도 과언이 아닐 것이다.

 글을 쓴다는 일은 결코 쉽지 않다. 글이란 자신의 만족만을 위해 쓰는 게 아닐뿐더러 누구에게 읽힐지 알 수 없기 때문이다. 더구나 어디엔가 있는 독자에게 작품이 읽힐 때 어떤 반응을 받을 것이며, 어떤 평가를 받을지 모르기 때문에 긴장이 불가피하다. 언어라는 게 영혼의 소리라는 정의로라면 자신의 글에 대한 만족이나 보람 또한 중요하다. 작가의 자존심이 쥐꼬리만 한 고료 때문에 상해 그 고귀한 창작욕을 잃는다는 것은 슬픈 상실이다. 그러므로 시쳇말로 껌값에 불과할지라도 고료는 정중한 감사와 함께 지불해야 할 것이다.

쑥과 움뽕과 위초리

봄에 산과 들에 생동 메시지가 전달되면 겨울잠을 잔 생물들이 여기저기서 깨어나는데 바닥에서는 쑥이, 나무에서는 뽕나무가. 그리고 위초리 세계에선 겨울눈이 부활한다.

눈여겨본 적이 있나 모르지만, 저 부활 삼총사의 공통된 특징이 있다. 그 여리디여린 몸으로도 모진 겨울을 거뜬하게 나고 되살아났다는 강인한 그 생명력이다. 그 재생은 너무나 극적이어서 차라리 신비하다. 그 재생의 드라마가 연출되지 않으면 지구는 종말이다.

쑥은 언 땅에 뿌리를 박고도 살아남았으며, 움뽕은 엄동설한을 견디어내는 뽕나무를 부여안고 여린 잎새를 잘도 버텼다가 초봄에 제일 먼저 잎을 틔우는 것이다. 그리고 하늘 가까이 곧추선 위초리의 겨울눈들은 겨우내 삭풍을 견뎌내고 겨울잠을 털고 해바라기를 하고 나선다. 모두가 동장군과의 힘든 싸움에서 이긴 승자인 것이다.

저것들이 가진 좋은 특징이 하나 같이 이로움을 준다는 것이다. 쑥은 봄 햇나물로 겨우내 소진된 인간의 정기를 보전해 주고 봄의 생기를 주는 이로운 존재로 아무 데나 잘 자라고 지천인 미덕까지 갖췄다. 그것 못지않게 움뽕은 첫배 햇 뽕잎을 따게 할 뿐만 아니라 그해 뽕나무로 자라도록 잎을 틔우는 것이다. 위초리의 눈들은 숲의 부활의 불씨다. 그 눈들이 봄에 깨어나지 못하면 나무는 죽고 숲은 여지없이 황폐화될 것이며 산은 생물들의 생존이 불가능한 비극의 장이 될 것이다.

그런데 저런 매우 소중한 역사(役事)를 수행함에 있어 쑥은 척박한 땅에서조차 아무런 요구도 없이 잘 자라며, 뽕잎은 수더분하게 잘도 자라 육보시를 하고, 위초리 눈들은 그저 햇볕과 봄비만 먹고도 겸손하게 잎을 틔운다. 그 어떤 눈길이나 손길을 요구하지 않는다. 저러한 미덕이 다 어디서 생겨나는 것일까.

그 답은 햇볕과 봄비를 사랑하면 찾기가 아주 쉽다. 창조주 하느님이시다. 헐벗은 소삽한 숲에 함묵 모드로 서서 잠시 동안만 사색해도 그 모든 축복이 어디서 왔는가를 바로 느낄 수 있다. 서 있는 나는 공짜 과객이고 그분이 주인이시기 때문이다.

한데 인간은 어떠한가. 입춘이 크게 길해서 경사가 연이을 것이라고 입춘첩을 내건다. 누구한테 빌어 믿는 건지 알 수가 없다. 엄동설한을 몸 성히 보내고 건강하게 새봄을 맞았음을 하느님께 감사하는 게 마땅하거늘 절기에다 경사를 걸어 고대하다니 움뽕이나 위초리의 일편단심만도 못한 것이다. 저 대견한 생명의 부활이 감격스러운 것은 그게 인간에게 기꺼이 모든 것을 맡겨 산다는 사실이다. 부끄럽게도 인간은 그러한 헌신을 눈여겨보지 않는다. 아니 움뽕이 뭔지 호기심이 없고 이른봄 햇쑥이 왜 좋은지 무관심하다. 더구나 위초리가 부활하지 않으면 지구의 종말이 온다는 사실에 무지하다.

어쨌거나 무지와 무관심 속에서도 올해도 변함없이 쑥은 척박한 땅에도 싱싱하게 자라고, 움뽕은 햇볕만 먹고도 쑥쑥 자랄 것이며, 위초리 눈들은 봄비에 일제히 부활의 등을 켜고 신부처럼 봄을 맞을 것이다.

산하에 저런 하느님의 축복은 무수하다. 그리고 그 기적은 해마다 조용히 되풀이되고 있다.

복장의 기쁨과 고통

　복장(腹藏)이란 불교에서 불상을 만들 때 부처님 가슴 속에다 금이나 칠보 같은 보물을 넣는 것을 말한다. 사람은 태어나자마자 손을 움켜쥐는데 그것은 무엇인가를 소유하려는 본능적인 행동이라고 한다. 그런 것처럼 성장하며 성취와 성공을 꿈꾸고 지향하게 되면 그 마음속에 야망과 욕망, 행복과 보람 같은 보물을 오장하게 된다. 어떤 꿈을 복장하느냐에 따라 사람의 일생이 좌우된다. 그렇기 때문에 우리는 전도가 양양한 청년을 향해 "젊은이여, 야망을 품어라!" 한다. 그 야망이란 무엇인가. 세상에서 가장 귀한 보물들로 만든 것으로 청춘의 가슴에만 품는 것이다.
　작가가 창작하는 과정이 저런 복장과 유사하다. 문교(文驕)의 타성적 때가 끼기 전 청춘기의 작가한테 복장되는 글감이란 순수하고 뜨거우며 간절한 것이다. 세기적 대문호 괴테의 불후의 명작 〈파우스트〉는 아주 심한 우여곡절을 극복하고 햇빛을 보았는데, 자그만 치 60년간이나 복장하고 숱한 퇴고 끝에 탄생했다. 20대에 복장하여 80대 종명의 연치에 이르러 걸작으로 태어났으니 그 복장은 차라리 외경하다. 그렇게도 오랫동안 복장을 하고도 지친다거나 의욕을 잃지 않고 탈고를 한 그의 항심이 놀랍다.

작가는 창작을 결심하고 이야기의 얼개를 짜게 되면 글짓기에 필요한 소재나 자료들을 수집해 복장한다. 작가의 복장은 여자가 생명을 잉태함과 유사하다. 소재가 만나 이야기를 기승전결 과정으로 전개하면서 감정을 실어 살을 붙이면 형상을 갖춘 스토리가 꼴을 갖춰 성장하게 된다. 산통과 같은 집필통을 앓으며 성숙시키면 해산과 같은 작품의 탄생이 이뤄지는 것이다.

그러므로 작가에 있어 좋은 창작에 성공하려면 복장을 잘해야 한다. 살진 소재나 적절한 정보의 복장 없이 단순한 지식과 평범한 경험, 재미가 없는 사적 신변잡사 따위를 적당히 사용해 작품을 짓게 되면 집필통은 피할 수 있을지 모르나 훌륭한 창작은 어렵다.

복장을 함에 있어 금기는 작가 마음속에 은근히 깊이 뿌리를 내리고 있는 문교(文驕)가 끼어들어 티를 내는 것이다. 문장은 지나치게 윤색을 하고 자기 감정에 도취해 과장하는 것은 글을 맛없게 만들 뿐이다. 학식을 믿고 부리는 교만이 글 속에 끼게 되면 글은 미사여구로 화려할지 모르나 감동을 주진 못한다. 자신의 학식이 풍부함은 과시할 수 있으나 독자와의 순수한 공감은 일어나지 않는다. 해서 작가가 명심할 교훈에 "펜은 작가 손에 쥐여져 있으나 읽는 눈은 독자에게 있다"라는 명언이 있다.

그런데 작가가 절대로 해서는 안 되는 게 있다. 필명을 날리기 위해 되나가나 독자한테 영합하는 구차스러운 길을 가서는 안 된다는 것이다. 그건 마치 사랑도 없이 정조를 파는 것과 같이 비천한 것이다. 그건 지키기 어려운 원칙이다. 그런 길을 간다는 게 말할 수 없이 심한 고통이기 때문이다. 작가도 먹고 살아야 하므로 자신의 작가적 주관이나 가치관을 접고 대중에게 영합하는 인기작품을 써야 살 수 있기 때문이다. 그러므로 글을 지어 팔아 먹고사는 인생을 택할 때 작가는 비상한 결심을 해야 한다. 제왕의 꿈을 가슴속에 품었어도 보신을 위해서라면 자존심이고 체면 따위를 다 버린 채 항우의 사타구니를 기어나간 한신 같을 수 있어야 복장한 야망을 언젠가 세상을 향해 펼 수 있기 때문이다.

나는 평생 감장에 버거운 양의 글감을 복장했었다. 아마도 눈에 담았던 것을 전부 치면 수백 편이 넘을 것이다. 그것들 중 어느 것은 쪽 단상에 불과해 시간을 따라 사라졌고, 어느 것은 초고에 올랐다가 버려졌으며, 어느 것은 퇴고를 기다리다 퇴찌를 맞았다. 그나마 완성이 돼 바인더에 철해져 서가에 꽂혀 햇빛 볼 날을 기다리게 된 것들은 행복한 축이다. 그 질에 불구하고 일단 나의 창작품 반열에 올랐기 때문이다.

그런데 그런 작품이 늘어 자그만치 수백 편에 달했다. 나는 그런 다작이 마치 먹일 것도 없는데 무턱대고 낳아 제낀 흥부네 자식처럼 흉이나 잡힐 과한 글 욕심이 아닌가 자격지심이 들어 누구한테 내색도 못 한 채 저걸 어쩔 건가 고민했다. 왜냐하면 좋으나 그르나 그건 내가 산통을 겪고 낳은 자식 같은 작품으로 사실 햇빛을 보느냐 여부와는 무관하게 내 글 욕망대로 낳은 것이기 때문이다.

그러나 내가 황혼열차를 타며 이것저것을 버리기 시작했을 때 몇 번의 망설임 끝에 저 작품들을 버리자 결심한 것은 마음 아프지만 불가피했다. 나는 창작에 동행한 자료부터 버리기 시작했다. 그 양이 적지 않았다. 그리고 드디어 작품집을 펼쳐보며 버릴 것들을 가려내기 시작했는데, 그때 우연찮게 한 수필가를 만나게 되어 대화 중에 그런 나의 주변 정리를 언급하게 되었다.

그 유명 수필가는 첫 반응부터 극구 만류했다. 작품이 그렇게 많다는 사실부터 놀라 부러워했으며, 무작정 버린다는 게 아까워 반대했다. 솔직히 나는 반신반의하며 작품들을 선보였다. 그리고 그렇게 인연이 닿아 난 예기치 않은 등단의 영예를 안았으며, 사장될 뻔한 작품이 세 권의 수필집으로 태어나는 경사가 났다. 그리고 도하 문예지에 오십 편의 작품이 실리는 영광까지 누렸다. 복장한 보람을 톡톡히 누린 것이다.

한데 그런 보람과 영광을 누리는 것은 결코 거저 얻은 게 아니었다. 갈수록 글재주가 달려 창작은 힘들고 고통스러웠다. 무엇보다 괴로운 것은 애써 지어 낸 작품이 퇴고하려 들면 마음에 들지 않고, 심한 경우 꼴도 보기 싫어지는 것이다.

스스로도 야속할 정도로 그런 심리 현상은 계속되었다. 자연히 가제목을 달고 한두 단락씩 써 놓은 초고가 수십 편에다 글감을 잡아 제목으로 묶어 놓은 창작거리가 수십 편이나 쌓이고 쌓여 지어낼 작품이 백 편을 넘게 되었다. 그렇게 품고 있자니 복장의 통증은 나날이 심해지기 시작했다.

작가한테 작품의 불임도 슬픔이지만 난산은 고통이고, 복장이 무난하지 못해 애먹는 건 더 고통이다. 그래해도 복장을 계속함은 복장이라도 하면 누리는 기쁨과 만족감 때문이다.

사람마다 어떤 형태로든 삶의 굴레를 쓰고 산다. 그걸 '삶의 굴레' 또는 '인간의 굴레'라고도 한다. 굴레는 원치 않은 데도 쓰는가 하면 스스로 굴레에 매이기도 한다. 인간의 굴레는 광범위하고 삶의 굴레는 현실적이다. 인간의 굴레는 예수를 팔아서라도 은자를 챙기는 것이며, 목숨을 초개처럼 버려야 함을 알면서도 전쟁을 되풀이하는 것이다. 생활의 굴레는 욕망의 굴레 같은 것인데 명예, 출세, 정욕의 굴레는 운명적인 것이다.

'얽매임'을 뜻하는 굴레는 마소를 부리기 위해 씌우는 멍에다. 멍에는 얽매임을 의미하므로 멍에를 메는 것은 굴레를 쓰는 것으로 뭔가에 종이 되어 사는 것이다. 우리는 자유를 예찬하고 갈구하여 누리려 하지만, 우리의 삶에 메인 멍에 때문에 진정한 자유란 없는 것이다. 돈이나 건강, 기쁨과 만족 그 어느 것 한 가지도 삶이 쓰고 있는 욕망의 굴레와 무관하거나 벗어나 존재할 수가 없기 때문이다. 삶의 굴레를 벗는 것은 도량에서 불자가 득도나 할 때 가능할지 모른다. 그러나 그 힘든 수행을 견성하는 지경까지 붙잡고 유지해 산부처가 되고야 마는 것 또한 얽매이는 게 아닌가.

노르웨이 수도인 오슬로에 세계적인 조각가 비겔란드의 조각공원이 있다. 그 작품 중 대표적인 작품이 있는데 〈분수대〉, 〈모노리스〉 석탑과 〈인생의 바퀴〉 같은 것이다. 〈분수대〉는 여섯이 물 쟁반을 받치고 있는데 인간이 무거운 고뇌와 고통에 찬 삶을 힘들게 떠받치고 사는 모습을 나타내는 것이고, 그들 위로 쏟아지는 물은 저들이 흘리는 땀과 눈물을 상징하는 것이다.

그중 가장 걸작으로 유명한 〈모노리스(Monolith)〉는 121명의 남녀노소가 서로 뒤엉켜 뭔가 정상을 향해 기어오르려고 애쓰는 모습으로 인생살이의 욕망과 투쟁, 슬픔이 적나라하게 나타나 있다.

그리고 〈인생의 바퀴〉라는 작품이 있는데 일테면 인간의 굴레 또는 삶의 굴레를 형상화한 것이다. 그 〈인생의 바퀴〉에는 나신의 남녀가 탈출을 몸부림치는 것 같은 굴레와 남자 혼자서 굴레를 벗으려고 애쓰는 모습 등 두 가지 굴레가 있다. 남녀가 엇갈려 벗어나려 애쓰는 굴레는 사랑과 고통으로 몸부림치는 형상이다. 서로의 몸에 손을 대고 있으나 여인은 등을 보이고 있다. 마치 여인은 굴레라는 운명 안에 갇혀 살지만 남자로부터 그리고 굴레로부터 벗어나려고 몸부림치고, 남자는 그런 여인을 만류하여 잡으려 하는 형국이다.

나는 일제강점기라는 불행한 시기에 태어나고 전쟁을 치른 불안한 시기에 학교를 다녔으며, 몇 번의 격변기에 사회생활을 시작하였기 때문에 이런저런 삶의 굴레를 쓰지 않을 수 없었다.

그 당시에는 가난 때문에 원치 않는 굴레를 쓴 경우란 허다했다. 가족 부양의 굴레, 장래희망을 접고 밥벌이꾼으로 나서야 하는 인생 항로의 변경, 정략결혼으로 가문의 몰락을 막아서기, 가업 지키기, 먹고살기 위해 권력의 사타구니를 긴다거나 부자의 수족이 된다는 등 원치 않는 일탈과 멍에 메는 인생이란 비일비재했던 것이다.

내가 비교적 빠르게 쓴 삶의 굴레는 가난이 빚은 것이었다. 갓 중학교에 입학한 나한테는 그 굴레는 두려운 트라우마였다. 그게 얼마나 심한 충격을 주었던지 난 평생 그때를 잊지 못했다. 여독으로 지친 데다 날은 저물고 있지 지난여름 전쟁 때 폭격을 맞아 폐허로 변한 본채 터를 처량하게 바라보고 있는 형상인 사랑채 방 두 개 앞에 아무렇게나 부린 피난짐 보따리들이 을씨년스러워 보이는 것은 고향을 향해 밤마다 고상거리게 만든 향수를 씁쓸하게 만들었다.

무엇보다 가슴을 짓누르는 현실은 당장 저녁을 어떻게 해결하느냐는 것이었다. 그만큼 우리 가족은 허허벌판에 서 있는 기분이었다. 우두망찰하니 저무는 서녘을 바라보고 서 계시던 아버지가 나에게 당숙 댁을 찾아가 저녁 땟거리 식량을 얻어오라고 하셨다. 평소 세배를 다닌지라 집도 알고 내가 그중 제일 맏이기 때문에 나를 보내는 게 맞았다. 그러나 나는 중학 일 학년 어린 학생이었다. 어른을 따라간다면 모를까 혼자서 식량을 빌러 가기에는 어렸다. 그러나 그런 걸 잴 여유가 없었다.

나는 쫓기듯 걸음을 재촉해 당숙 댁으로 갔고, 반기는 당숙 호의로 쌀 한 자루를 얻어 메고 나섰다. 마음은 급하고 피난살이에 지친 허약한 두 다리는 쌀자루를 감당하기 버거워 휘청거렸고 땀은 비 오듯이 흘렀다. 내가 집에 가지 않으면 식구들이 굶는다는 압박감이 멘 쌀자루를 더 무겁게 했다.

그때 받은 쇼크는 세상살이의 쓴맛을 본 적이 없는 소년의 가슴속에 공포에 가까운 쇼크를 주었는데 불행하게도 그 트라우마는 평생 소년을 따라다니는 두억시니가 되었다. 결국 나는 그 트라우마가 무서워 나의 꿈을 접었고, 심지어 치열한 경쟁을 뚫고 들어간 직장까지 옮겼다. 내가 그토록 취직하기가 어려운 시절에 직업을 세 번씩이나 옮긴 게 가족 부양을 위한 보다 보수가 좋은 직업을 택하기 위해서였다. 요새처럼 잘살고 핵가족시대에서야 가족 부양 때문에 자기 인생의 항로를 바꾼다고 하면 곧이들을 사람이 별로 없을 것이지만, 직장 구하기가 하늘의 별 따기만큼이나 어려워 집집마다 자식은 주렁주렁 많은데 백수로 밥벌이를 못 하는 가장이 수두룩했었다. 일테면 나도 대학을 졸업하자마자 가장의 굴레를 쓰지 않을 수 없었던 것이다.

 그 굴레를 씀에 있어 운명이려니 하고 감수했으니 망정이지 나 몰라라 했더라면 난 아마도 평생 죄인처럼 살아야 했을 것이다. 그리고 자수성가의 의지를 불태울 수 없었을 것이다. 때문에 한때는 원치 않게 쓴 굴레를 한탄도 했지만, 숙명의 굴레라고 수용한 이후로는 오히려 도전 의욕을 자극해 성공으로 이끄는 에너지가 되었다. 가난했기 때문에 난 육체나 정신이 강인한 사람이 될 수 있었다. 말하자면 내가 숙명적으로 쓰게 되어 있는 삶의 굴레를 억지로 벗으려 하지 않았던 것이다.

 어떤 형태로든 굴레를 쓴다는 것은 괴로운 일이다. 문제는 억지로 그 굴레를 쓰지 않으려 하는 데 있으며, 일단 굴레를 쓴 이후에 얼마나 긍정적 마인드로 승화시켜 극복하고 노력해 승자가 되는가에 그 반전의 가치가 있다.

 나는 저 가족 부양이라는 삶의 굴레 이외에도 살면서 일생 동안에 여러 가지 굴레를 자의로든 타의에 의해서든 썼는데, 한번도 그 굴레에 목을 조여 질식한 적이 없었다. 예컨대, 군 복무 중에서조차 부정의 굴레를 강제로 썼는데도 끝까지 부정한 돈에 손을 대지 않고 버텨 옥살이를 피할 수 있었다. 그러므로 일생을 살아갈 때 쓰게 되는 온갖 굴레를 지혜롭게 쓰고 대처해 나가는 게 현명한 자세일 것이다.

 지금 황혼열차를 타고 가는 호호야인 나는 즐거운 굴레를 자청해서 썼다. 문단에 등단해 쓴 수필가라는 굴레 때문에 삶이 보람찬 대신에 가벼운 문재 가지고 글짓기 하느라 허리 병이 생겼다. 그러나 그 굴레를 벗어던질 생각은 없다. 노후에 이만한 축복이 없으니 이 굴레를 인생 종착역까지 쓰고 가련다.

오후의 아랑훼즈

　오월 오후의 정원은 은밀하다. 햇볕은 따사롭고 산들바람은 부드럽다. 나무 그림자는 스치는 바람에 조용히 일렁이고 장미는 숨 막히게 아름답다. 바람결이 간질이니 거실 문설주에 매달린 풍경이 살그락살그락 소리를 낸다.
　그때 아랑훼즈의 선율이 정원에 흐른다. 한가운데 있는 대리석 분수대가 흐드러지게 핀 장미에게 속삭인다. 싱그러운 5월의 여왕이여, 눈부시게 아름다운 그대와 춤을 추고 싶다고. 장미는 요염하게 그러나 우아하게 미소 지을 뿐 망설인다. 그때 한 줄기 바람이 정원의 모든 정령에게 아랑훼즈 선율에 맞춰 춤을 추라고 속삭인다. 장미들이 일제히 원무를 추자 분수대가 내뿜는 물줄기는 수많은 물방울로 부서져 꽃잎에 보석처럼 박혀 빛난다. 장미들은 누군가를 기다리나 두리번거렸다.
　장미들은 정원사의 출현을 고대했다. 꽃들이 분수대의 달콤

한 유혹을 귓등으로 흘리는게 다 정원사에게 마음을 빼앗긴 탓임을 정원 식구들은 알고 있었다.

해는 점점 이글거리고 무지개가 섰다 부서져 내린 분수 방울은 오색 구슬로 꽃잎을 굴러 땅을 적셨다. 분홍 장미가 정원사하고 사랑에 빠진 것은 굵은 힘줄이 불거진 그의 팔뚝 때문이었다. 그는 꽃밭을 정리할 때면 잘 그을린 팔을 뻗어 꽃들 겨드랑이 속으로 디밀고 꽃그늘에 묻힌 꽃잎을 조심스레 주워 울러멘 주머니에다 차곡차곡 넣었다. 그 때문에 그에게서는 늘 장미향이 난다고 했다.

장미꽃들은 그의 손길에 업혀 간다는 게 무엇을 의미하는지를 알기 때문에 꽃잎으로 지는 슬픔을 두려워하지 않았다. 그의 집으로 데려가면 마치 신방에 들기 전처럼 정성껏 씻겨 침대 위에 뉘었다. 낯선 신방을 돌아보는 신부의 호기심처럼 꽃잎들도 남자의 방을 두리번거렸다. 그리고 얼굴을 붉혔다.

그의 머리맡에서 밤을 보낸 꽃잎들은 베개 속으로 혹은 욕탕 속으로 들어갔다. 그렇게 장미 꽃잎의 일생은 허무하지 않았다. 그런데 꽃병에 꽂은 장미들이 가시를 세워 서로를 찔러 상처를 입히는 불상사가 일어났다. 발단은 맹렬한 사랑을 하는 붉은 장미의 질투였다.

붉은 장미는 며칠 째 정원사 눈 밖에 났다. 그의 소원은 화병에 꽂혀 신혼 침실에 놓이는 것이었다. 그러나 정원사는 '나의 천사'라는 분홍 장미만을 좋아해 챙겼다. 시기 질투의 화신인

노랑 장미까지 붉은 장미에 합세해 분홍 장미를 떠받들어 잎이 시들지 않게 몸부림쳤다. 그러나 그런 식의 주술은 더는 통하지 않았다.

붉은 장미는 가슴속에 쌓이는 질투심을 더 이상 감당할 수 없게 되었다. 해서 오셀로 장군이 사랑하는 연인을 죽이게 만든 의심의 병에 담긴 오해라는 독약을 구해다 가시에 바르고 정원사를 기다렸다. 그의 손이 떨어진 꽃잎을 주우려고 내려올 때 붉은 장미가 혼신의 힘으로 그의 팔뚝을 찔렀다.

그러나 정원사가 쓰러지는 비극은 일어나지 않았다. 아랑훼즈 때문이었다. 붉은 장미의 음모를 알아챈 분홍 장미가 정원을 지배하는 님프의 여왕에게 호소해 예방했던 것이다. 여왕에게 한 선물은 아랑훼즈의 연주였다. 그녀가 연주한 기타곡은 영화로운 향수 곡이었다. 사랑이란 그 누구의 것이든 위대하고 아름답다고 한 말은 믿을 수가 없었다. 아랑훼즈 선율이 너무 아름다워서였다.

밥, 밥, 밥

　우리 말 중에 약방의 감초 같고 그거면 만사형통인 외자 단어가 있는데 그게 '밥'이다. 사람이 태어나 가장 먼저 배우는 말이 '엄마'인데, 그 맥락에서 배워 사용하는 말이 '맘마'라는 밥이다. 인간의 성장은 '엄마'와 '맘마'에 의해 성취되는데 '엄마'는 관계의 형성이고, '맘마'는 삶의 활력소다.

　밥이라는 외자 단어가 놀라운 함축미를 품고 있어 그렇게도 다양하게 쓰인다는 사실은 경탄스러운 사실이다. 밥의 종류를 보면 그 다양함에 놀라고, 그 의미가 예술적임에 감탄하게 된다. 쌀밥은 이밥이라 해서 부자가 먹는 밥으로 통했고, 가난한 집에서 먹는 밥은 꽁보리밥이나 조강(糟糠, 지게미와 쌀겨)으로 지은 밥을 의미했다. 해서 조강지처라 하면 고생스럽게 살던 시절의 아내를 일컬었다. 기름진 쌀밥은 잘 차린 대탁(大卓, 떡 벌어지게 차린 밥상)에 오른 쌀밥이고, 추운 겨울 헐벗은 거지가 문간에서 구걸하여 바가지에 부어주는 언 찬밥은 대궁(먹다 남긴 잔반)이라 했다. 흥부가 눈물로 떼어먹던 밥풀떼기는 형수가 밥주걱으로 친 귀싸대기에 묻어난 밥풀이고, 노동자들이 염정에 허겁지겁 먹는 식은 밥은 '눈물 섞인 밥'이다. 죄를 지어 감옥살이하며 먹는 밥은 콩밥이라 했고, 죽어 마지막으로 먹는 밥은 사자밥이라 했다. 밥자리에서 밥줄은 직업을, 밥값은 제구실을, 밥도둑은 밥벌레 식충이, 밥보를 의미했다.

밥이라는 단어가 어떤 말에 어울려 쓰이면 밥의 의미가 의외로 변하거나 깊은 뜻을 나타낸다. 안부를 물을 때 '밥은 먹고 지내니?' 묻고, 상대가 못마땅하면 '밥맛 없다'고 한다. 한심하면 '저래서야 어디 밥은 먹고 살겠니' 하고, 사이가 나쁘면 '그 사람 하고는 밥 먹기 싫다'고 하며, 아주 정떨어질 때 '밥맛 떨어져'라고 한다. '밥만 잘 먹던데 뭘'은 비꼬는 뜻이고, 최고의 힘이나 신명은 '밥심'이라 한다. 나쁜 훼방꾼은 '다 된 밥에 재 뿌리는 사람'이고 '밥숟을 놓다' 하면 죽었다는 뜻이다. '밥술이나 먹는다' 하면 궁색하진 않다는 의미다. '그는 밥맛이다' 하면 그가 싫다는 뜻이다.

밥이라는 말이 그렇게도 광범위하게 쓰임은 언어의 과학적 용법이 뛰어남이나 표현의 예술성이 우수함을 의미한다. 한 가정의 가장을 '밥벌이꾼'이라 하는데 영어의 breadwinner와 같은 의미다. 먹고 사는 걸 밥벌이라고 하는 것은 인간의 삶에 있어 밥이 얼마나 중요한가를 단적으로 나타낸다. 사람의 경력이나 인문의 연조를 따질 때 불자는 절밥을 의미하는 승랍(僧臘)을 헤아리고, 일반인은 밥그릇을 센다.

예부터 밥은 보약이었고, 병이 나면 밥이 약이라고 했다. 밥을 잘 먹으면 복 받은 거라 했다. 그러므로 사람이 밥맛을 잃으면 살맛을 잃은 것과 같은 문제로 간주했으며, 곡기를 끊으면 살기를 포기한 것으로 간주했다.

오늘날 인간, 특히 우리나라의 밥 문화는 너무 변해서 혼란스러울 지경이다. 우선 두드러진 현상이 쌀 생산이 극히 순조로워 쌀을 귀히 여기는 생각이 점점 약해지고 있다. 그리고 덩달아 쌀밥의 선호도가 떨어지고 쌀이 밀가루에 밀리고 있다. 자연히 쌀농사가 소중함을 잊고 산다.

지금 쌀밥에 대한 인식은 교만한 병사처럼 너무 소홀하고 과소평가하고 있다. 영양가를 과소평가하는 것도 모자라 마치 먹어본 적이 없는 것처럼 유해하다 단정하기조차 한다. 이런 식의 치우친 오류의 심화는 장차 식량 수급에 큰 문제를 야기할지 모른다. 주식의 쌀과 밀의 조화로운 생산과 소비가 중요하다. 쌀밥이 가지고 있는 여러 가지 미덕 중에 으뜸은 그 뛰어난 조화미(味)일 것이다. 얼큰한 육개장에는 흰 쌀밥이 가장 잘 어울린다. 우선 시각적으로 그렇다. 맛에 있어 육개장에 빵을 밥으로 먹는 것은 김치를 반찬으로 빵을 먹는 것처럼 어색한 궁합이다.

이별

  누군가와 헤어진다는 이별은 의식하는 고통 중에 가장 쓰라리다. 그 대상이 사랑하는 사람이면 그 고통은 누구도 헤아릴 수 없다.
  우리나라 기차가 편도 500킬로미터도 안 되는 거리를 목포행 완행열차가 기어가듯 느릿느릿 다니고, 부산행 완행열차는 힘이 달려 추풍령 고개를 서너 차례 오르내리다 탄력에 떠밀려 겨우 고개를 넘고는 했다. 그 시절 완행열차는 단순한 열차가 아니었다. 유별나게 '인생 열차'라고 한 것은 드라마의 한 장면 뺨치는 극적인 이별 장면 때문이었다. 알 수 없는 사연이 끝없이 풀리느라 여기저기서 눈물을 쏟아 하염없이 역두를 적시고, 차마 부여잡은 손을 놓지 못해 옷자락에 매달리고 승강계단에 엉거주춤하니 서서 손사래만 치는 이별이 겨우 수습되는 것은 친정아버지 막걸리에 절은 쉰 목소리 같은 출발신호

기적이었다.

　그 작별의 여운은 천안을 지나 산촌 풍경이 차창을 스칠 때쯤에서 혹은 지쳐 잠들고 혹은 허전한 마음을 달래느라 마른오징어 안주에 소주를 거푸 마셔 부른 취기가 아린 작별의 슬픔을 희석히기 시작하면서 가라앉았다. 그 시절 이별은 순수성 때문인가 이별의 아픔이 절망에 이르러 달리는 열차에서 투신하는 자살 사고가 잦았다.

　주로 차부나 기차역에서 마중하고 송별했던 시절에는 이별이란 한 편의 애절하고 극적인 장면이었다. 그건 어떤 꾸밈이나 위선이 끼지 않은 진정한 석별의 아쉬움과 기원이 가득 찬 인생의 한 전기였다. 이별을 해봐야 고향을 등지는 일생일대의 과감한 탈바꿈의 계기가 싹텄으며, 가족과 떨어져 산다는 외로움이 얼마나 고통스러운가를 깨달았다. 그 시절 참으로 많은 청년 싹수들이 고향과 가족과 편한 일상과 헤어져 타향살이에 입신양명의 야망을 불태웠나 모른다. 진정한 이별을 해보지 못한 사람은 인생의 참맛을 모른다.

　누구든 '마지막 이별'을 한다. 언제 어디서 하직을 고하게 될지를 모를 뿐이다. 자기의 죽는 날이나 장소를 알지 못함은 답답하고 두려운 일이지만, 다른 한 편으로는 모르는 게 인간에게는 다행이다. 만약 그날을 안다면 희망이란 게 필요가 없게 되고 죽음을 피하려는 온갖 발버둥 때문에 인간 사회는 아수라장이 될 것이다.

일생동안 가슴 아픈 이별을 한 적이 별로 없다. 첫 슬픈 이별은 장모님과의 이별이었는데 심장마비로 갑자기 돌아가셔서 이별할 여유가 없었다. 부모와 작별한 것도 유사했다. 아버지는 입원실에서 운명하셨는데 공교롭게도 내가 옷이라도 갈아 입으려고 집에 간 사이에 문병 온 친구가 임종했으며, 어머니는 중환자실에서 면회 온 내 손을 잡은 것을 마지막으로 그날 저녁 운명하셨다. 평생을 일한 기업을 떠날 때도 송별 자리를 피했으며, 6년간이나 강의한 대학을 물러날 때도 이렇다 할 이별의 티를 내지 않았다. 그동안 맺었던 관계나 애틋하게 든 정을 다 털어버리는 작별을 하기 싫어서였다. 연을 끊는 단연의 슬픔을 숨기고 싶은 것이다.

하느님은 인간에게 인연을 맺게 하고 삶을 주시는 반면에 인간은 사람 사이의 관계를 만들게 하셨다. 헤어졌다 하나 언제 다시 인연이 이어질지 모르므로 영원히 작별하지 않으려는 것이다. 영문으로 작별 인사를 할 때 Goodby라고 하는데 그 뜻은 God be with you(하느님께서 함께 계시기를)라 하거나 See again(또 봐)이라 할 뿐 다시 안 만날 것처럼 말하지 않는다.

죽음을 영면(永眠), 영원한 잠이라 하는 것은 예수의 부활을 모르기 때문이었다. 회자정리(會者定離), 만나면 반드시 헤어지기 마련인 것은 속연이 그러하다는 것으로 그 속연은 천국에서의 재회를 약속하고 있다. 천국이 있다면 인간의 죽음은 속연이 끊기는 것일 뿐 다시 만나는 것임으로 영원히 이별하는 건 아니다.

  육체와 영혼이 영원히 사라진다면 모든 게 헛되고, 이별은 더욱 헛되니 속연에 연연함은 무슨 허사인 것이며, 끊긴 인연이 그리워 눈물짓는 미련은 다 무슨 소용인가. 간절히 원하면 헤어진 인연도 반드시 다시 이어진다고 믿는다.

허사(虛事)도 삶이다

갑자기 미치광이 중광 스님이 생각났다. 그는 길지 않은 일생을 살고 가면서 괜히 왔다 그냥 간다고 자신의 일생이 못내 지루했다는 것처럼 자기 일생을 냅다 걷어차고 떠났다. 그에게 한 생애란 허상(虛想)으로 가득 찬 삶이라 했다. 상실감 때문인가 노인의 입에서는 자신의 일생이 허사였다는 탄식이 예사로 나온다. 범인만 그러는 게 아니다. 승이 무거운 불자도 그렇다. 세상살이가 아무리 일장춘몽이라 한들 칠, 팔십 년을 산다는 게 결코 짧지 않은데 어찌 삶에다 발길질 한 번으로 떼어 팽개 칠 수 있다는 건가. 그 모든 게 헛일이라는 생각이 알 수 없다.

헛일을 따라 살았어도 해동이 되면 위초리의 눈(芽)들은 봄비를 기다리고, 수태를 한 고양이는 접시꽃이 흐드러진 담벼락에 기대 나른한 낮잠을 자며, 대장간에서는 달군 쇠를 두들겨 연장을 만들고, 푸줏간에는 싱싱한 고기가 즐비하게 내걸린다. 삶의 역동과 냄새가 진하게 묻어나는 것이다.

그 삶의 숨소리를 감동 없이 듣는 건 모욕이고 시건방진 허세다. 아무리 사람 사는 게 아무것도 아닌양 공이네 무상이네 해도 산문 뜨락 디딤돌 틈 사이에 난 잡초는 불전에서 들려오는 염불 소리만 먹고도 무성하게 자라고, 신혼부부 동방에는 신혼의 열기가 가득하다. 그 모두가 산다는 게 전제가 된 것이며 지지고 볶으며 살아도 오늘 저녁 밥맛이 단 것이다. 성스러움과 속됨이 나뉘는 경계선이 있다 하고, 아무리 오늘이 무료하고 내일이 막막해도 자신의 인생이 살맛이 없다고 비관하지는 않는다.

그러므로 기왕 숨 쉬며 살 바에는 즐거운 인생을 사는 데 방해가 되는 마음 먹기와 행실을 삼가야 할 것이다. 그것은 마음을 병들게 만드는 나의 속 가시부터 뽑아버리는 것으로 시작한다. 성내고 미워하는 가시다. 그리고 자신의 결정이 설혹 실패작이고 실망감인 게 확실해도 후회하지 않는다. 이미 저질러버린 일을 후회함은 이미 놓친 기차를 잊지 못하는 헛된 일에 천착하는 것이다. 나이가 칠십이 넘은 괴테가 친구 손녀에게 청혼했다가 거절당하고도 낙담하지 않고 쓴 소설이 저 유명한 〈미넬바트의 비가〉라는 작품이었다. 그는 자신의 사랑이 조금도 부끄럽지 않았으며, 청혼을 거절당했어도 후회하거나 어느 누구도 원망하지 않았던 것이다. 어찌 감히 허사라 말하고 단정할 것인가.

사람이 죽어 저승 세계로 떠날 때 다 소용없다고 수의에 주머니를 달지 않음은 야박한 짓이다. 숨이 끊기기 전에 생전에 그렇게도 좋아하던 꽃 한 송이 지니고 가면서 외로운 저승길에 꺼내 보려면 주머니가 필요하다. 죽음이 완전한 멸실이 아니라면서 일체의 소유를 무의미하다 단정함은 무슨 모순인가. 옛날 죽은 자의 가는 길이 편안하도록 노잣돈을 넣어주었으며, 가는 황천길이 외롭다 길동무 삼으라고 산사람을 순장까지 시켰던 것이다. 관 속에 여러 가지 부장품을 넣어 매장하는 게 다 내세가 있음을 믿고 전제한 배려였다. 저 모든 게 내세를 믿는 믿음에서 비롯되는 것으로 산 자의 입이라고 함부로 허사라 하지 말아야 할 것이다.

청주성(淸州城) 전투

충북의 청주성은 북문, 남문, 서문이 출입문으로 달린 석성으로 임진왜란이 터지자 비교적 일찍 의병이 조헌을 의병장으로 모여 왜군과 싸우는 의병군을 이뤘다. 가장 먼저 의병군을 일으킨 청주성은 왜군이 충청우도(右道)로 진출하는 전진기지로 삼으려고 획책 중이었다. 해서 관군과의 전투에서 청주성 방어사 이옥(李沃)의 관군을 패퇴시켜 청주성은 영규(靈圭)가 이끄는 승병 수백 명이 왜군과 대치했다. 의병장 조헌은 승군장과 협의, 청주성을 탈환하기로 했다. 선조 25년 8월 초하루 의병군은 서문을 공격해 왜군을 패퇴시켰다. 왜군은 밤을 도와 북문으로 달아났다.

북문을 공격하던 의병군의 의병장은 21세 약관의 선비 박우현(朴友賢)이었다. 그는 의금부도사 박향원의 아들인 밀양 박씨 규정공파의 12세손으로 임란이 터졌을 때 영의정 박란(朴蘭)의

손자였다. 그 가문의 13세 박안복(朴安復)이 종조부인 영의정을 수행해 선조 임금이 의주로 몽진할 때 호가호위하여 배행했다가 함께 행제소에서 죽었다. 그리고 의병장 박우현은 7월 28일 북문 전투에서 왜군 총탄을 맞고 죽었다. 조헌이 이끄는 의병군이 청주성을 탈환한 게 8월 1일이니 한 나흘만 일찍 전투를 시작했어도 꽃다운 나이에 죽지는 않았을 것이다.

후에 한양으로 돌아온 임금이 저 한 집안에서 셋이나 순절(殉節)한 충신 가문이 있겠는가 하여 벼슬을 추증하고 널리 알려 기리도록 했다. 저 교활한 일본이 러일전쟁에서 승리한 여세를 몰아 조선을 겁박하더니 결국 1910년에 조선을 합방했는데, 세 분 순절이 대대로 나라 사랑을 키웠던가, 3·1 만세운동 때 24대 선조께서 만세운동에 연루돼 수배를 받은 처지로 긴 도피 생활이 시작되었다. 가주의 피신은 당대에 현관(顯官)을 내지 못해 한미한 향반(鄕班) 가문을 빠르게 쇠락시켰다. 임진왜란의 병화는 그렇게 우리 가문을 허물어지게 했다.

저런 청주성 전투에서 왜군 흉탄에 요절한 나의 선조의 애사(哀史)가 11대 후손인 나의 아버지와 나의 대에 어떻게 유전되었나를 보면 인간 역사의 변천이 참으로 변화무쌍하다. 아버지 형제 세 분 모두 일제 치하에서 공무원이 되셨으니 친일했다고 매도한들 그렇게 산 게 허물이라면 사실이 그러함으로 할 말이 없다. 나 또한 한일 합자 기업에서 최고경영자로 5년간이나 근무했고, 일본을 수없이 드나들면서 일본이 가지고 있는 장·단

점을 바로 보게 되어 우리의 대일 인식이 감정적 배일에서 긍정적 극일(克日)로 전환되어야 함을 주장하기에 이르렀으니 아이러니가 아닐 수 없다.

한국과 일본은 마음먹기에 따라서 선린관계로 지내기도 쉽고, 반대로 견원지간으로 지내기도 쉽다. 전자의 관계를 유지한다면 한반도가 일본의 조상 땅이 맞고, 일본의 문화적·언어적·혈연적 뿌리와 본디가 한국임이 옳다. 만일 두 나라가 한통속으로 세계무대에 나가 상업을 하면 영원히 일등국이 될 것이고, 원수처럼 다투는 경쟁자로 일관한다면 일본이 더 강한 칼을 가질 때 참을 수가 없어 한반도를 넘볼 것이다. 상상컨대 삼사백 년 후 미래에 제2의 청주성 전투가 벌어져 나의 자손이 약관의 나이에 출정하면 십중팔구 허무한 주검으로 돌아올 것이다.

우리가 손쉽게 흥분하고 가볍게 원수가 되는 국민적 경향에 대일 감정이 있는데, 그 뿌리가 하도 깊어 좀처럼 뽑히지 않고 있다. 독일의 유대인 학살에 대한 원한이 일본식 성명 강요로 조선의 근본을 아예 지워버리려 하고, 조선 농민이 피땀 흘려 지은 쌀의 8할을 강제로 수탈해 간 일본의 식민 압제정책보다 더 천인공노할 압제였음에도 이스라엘은 유럽 한복판에다 일본이 강제로 시킨 위안부의 동상을 세우지는 않았다. 한일 관계라는 대승적 과제의 처리는 호혜적 미래를 위해 긴요한 것임을 감안해야 할 것이다.

먼저 배불리 먹어 제 허기를 채우고 싶은 욕망을 억제하고 제 식구들한테 희소식을 전하러 가는 행동이 우리 언어로 표현하여 인정이라면, 그 작디작은 새가슴에서 그런 게 우러나왔다는 사실이 가슴을 뭉클하게 한다. 더하여 그 마음을 얼어 죽지 않게 지탱해 주는 데 좁쌀 한 줌이 힘이 되었으리라는 상상은 너무나 즐거운 것이다.

나를 기다리는 동고비

발   행 2024년 11월 05일

지 은 이 박종형
펴 낸 이 정선모
디 자 인 가보경 이소윤

펴 낸 곳 도서출판 SUN
출판등록 제25100-2016-000022호. 2016년 3월 15일
주   소 서울시 노원구 덕릉로 94길 21. 205-102
전   화 010. 5213. 0476
이 메 일 44jsm@hanmail.net

값 16,000원
ISBN 979-11-88270-85-9 (03810)

ⓒ 박종형, 2024

· 잘못된 책은 바꿔드립니다.
· 이 책은 저작권법에 따라 보호받는 저작물이므로 무단전제와 무단복제를 금지하며, 이 책의 전부 또는 일부 내용을 사용하려면 사전에 저작권자와 도서출판 SUN의 서면 동의를 받아야 합니다.